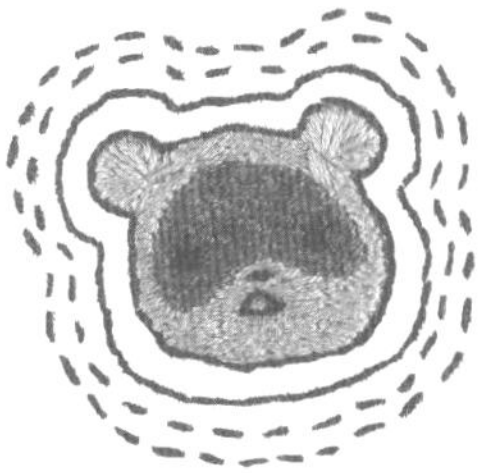

たぬきが見ていた

大貫亜美

集英社

たぬきが見ていた

CONTENTS

1　はじめましての自己紹介です……7
2　バイクに乗って……10
3　アメリカ、そしてオタク……14
4　趣味は暗いこと全般です!……18
5　由美ちゃんと……22
6　携帯ゲームと地獄と娘……28
7　お前のかーちゃん、ラッコだったぞ……34
8　母と娘と、暗い趣味……40
9　どこまでも尊い……46
10　本に飢える……53
11　思ったより長くなる……59
12　まるふわフェチ……65
13　ウサギ大好き倶楽部……70
14　その名はチョビン……76
15　パフィー 20歳の誕生日……83
16　台湾で会いましょう……89
17　ハハハハハバロフスク……95
18　続・ハハハハハバロフスク……102
19　アーミー、愛してます……108
20　紅白の歌の合戦に参上す!……114
21　続・紅白の歌の合戦に参上す!……119
22　娘小狸……125
23　マイ・フェア・小狸……130
24　めっちゃ褒めたるわ!……137
25　わたしが入院騒ぎ……142
26　娘小狸のお誕生日……147

27 続・娘小狸のお誕生日 …… 153
28 続々・娘小狸のお誕生日 …… 159
29 娘小狸のお誕生日　完結編 …… 164
30 ROMPUS ができるまで …… 169
31 さくらももこさんのこと …… 175
32 続・さくらももこさんのこと …… 181
33 ネガティヴですが何か …… 188
34 ハングル講座でチャイを その1 …… 193
35 ハングル講座でチャイを その2 …… 198
36 ハングル講座でチャイを その3 …… 203
37 ハングル講座でチャイを その4 …… 209
38 受け継がれるもの …… 214
39 わたしの子育て …… 219
40 ハマらない理由がない …… 224
41 続・ハマらない理由がない …… 229
42 史上最強の「釣らせ人」 …… 235
43 亜美の沖縄釣りバカ日誌 …… 240
44 たんたん豆狸誕生記 …… 246
45 めんどくさがりやの子育て方法 …… 251
46 友情と試練 …… 256
47 友情と試練 その2 …… 261
48 自粛とわたし …… 266
49 あつまれ　おかあさんの島 …… 271
50 令和2年のマイブーム …… 276
51 むしろウェイしてない …… 281

「小説すばる」2014年5月号〜2021年2月号
に連載された『たぬきが見ていた』より51編を
セレクトしました。
単行本化にあたり加筆修正しました。

カバー刺繡　大貫亜美
装　　　幀　篠田直樹（bright light）

たぬきが見ていた

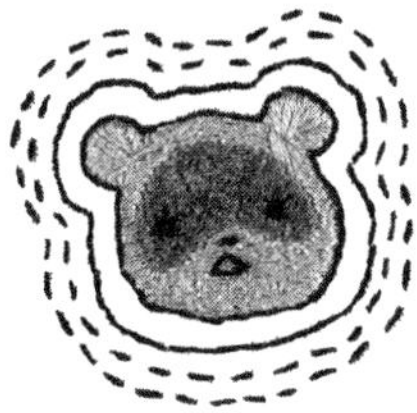

1　はじめましての自己紹介です

　みなさまこんにちは。はじめまして。パフィーの向かって右の方、東京都出身・大貫亜《おおぬきあ》美《み》です。

　今回からこの小説すばるで、どえらい文豪と並んでお粗末な文章を書かせていただくことになりました。よろしくお願いいたします。

　パフィーも今年で18周年を迎えます。カニがどうこう言ってた時に生まれた子は、軽やかに高校生になって恋をしていることでしょう。そんな、世間様にご無沙汰《ぶさた》なパフィーなので、初回は少しわたしのことを。

　水色のTシャツにヴィンテージのジーンズ、長いモサモサの髪を二つに結《ゆ》わいていたわたしは、おかげさまで40歳になりました。きっつー。その間、結婚をして女の子を一人授かりその子も11歳になっています。趣味は、デビュー当初からマネージャーさんに「亜美ちゃんの趣味は全部ひっくるめて〝暗いこと全般〟でいいと思うよ」と言われたのが未《いま》だに変わってません。お裁縫とか刺繍《ししゅう》とかビーズとか編み物とか、あとはジグソーパズルも好きです。漫画を読んだり小説を読んだり、絵を描くことも好きです。アニメも好きです。最近は『魔法少女まどか☆マギカ』が大好きです。

ちなみに音楽は普段そんなに聴かないです。そしていい年して人見知りというか、パーティーとかが苦手です。顔見知り程度の人との会話に困ります。だったらトイレの前にいたいです。

なんだかすっかりインドアな雰囲気ですが、三度の飯より釣りが大好きです。琵琶湖《びわこ》の畔《ほとり》で音楽フェスに出演した際、出演日の前後で計4日ほど滞在して釣り三昧でした！　その時は「今年一番楽しかった出来事」にランクインしたものです。ちなみにそのフェスはT.M.Revolutionさん主催なので、アミユミは「打倒!!　T.M.R.!!」と殴り描いたTシャツで出演しました。彼は同期ですから。負けたくないのです。

ここで少しパフィーのことを。

「パパパパパフィー」という珍妙な番組を卒業してからは、それまで以上に音楽に重きを置いたスタンスへ。そして「ブギウギ№5」という曲が何故《なぜ》かアメリカのカレッジチャートにランクインし、テキサス州オースティンで行われている音楽イベントに出演し、評判も良かったので思い出作りに北米ツアーをすることになりました。で、ライブを見に来たアメリカのカートゥーン・ネットワークというアニメ専門チャンネルのプロデューサーがバックステージにやってきて「君たちをモデルにしたアニメを作りたいんダヨネ〜！」と言ってきたのでした。この人のC調な感じ……超胡散《うさん》くせぇ！　というのが第一印象です。

そこから『Hi Hi PUFFY AMIYUMI』というアニメが出来上がり、世界110カ国以上で放映され、アメリカのカートゥーン・ネットワークでは初回視聴率歴代1位の楽しいアニメになりました。大人が見ても楽しいです。

そしてパフィーは色々な場所でライブをして、ツアーをして、アルバムを作り、フェスに出て……という、ミュージシャンぽい生活をしています。テレビに出ないと親までもが「最近アンタ仕事してんの?」と言う始末なのですが、ちゃんと毎日忙しいっちゅーねん。去年は初のディナーショウもやってみました。楽しかったです。

あとは……特筆すべきことは……なんだろう。まぁ、こんな感じかな。特に聞きたいことがあればお手紙いただければ答えます。8割ウソつきますけど。

ちなみに、小説すばる編集部からは、わたし同様、そんなつもりは毛頭ないが振り返ってみれば趣味が暗いことばかり……という、薄い読者層のみなさんの為《ため》に、暗いこと全般について書いてほしいと言われておりますので、この小説すばるの中のマイノリティーを盛り上げるべく、次回からは更につらつらと、みなさん大して興味ないだろうなと思いつつ、お伝えしたいことをひり出して書いていきたいと思ってます。どうかお付き合いください。

(2014年5月号)

2　バイクに乗って

梅雨っぽいです。私が住んでいるこの東京でも、連日けっこうな雨量です。こうなるとわたしの髪の毛が言う事を聞いてくれません。デビュー以来ふわっとしたスパイラルパーマでおなじみのパフィーさんですが、右のアミって子はほぼ天然のパーマだったみたいです。遡《さかのぼ》ること、父方の祖母もクリックリ。うちの父もクリックリ。そしてわたしも、10歳くらいからクリックリ。人前に出るようになってからは、整える意味で時々パーマをあてるものの、あとは放置でした。今でも憧れは上條淳士《かみじょうあつし》さんの漫画『SEX』に出てくるカホという女の子の、黒髪ロングヘアです。三次元で言うなら女優の夏帆《かほ》ちゃんとかモデルの秋元梢《あきもとこずえ》ちゃんです。夏帆に至っては昨日うちにごはんを食べに来たんですが、数年前より短くなったものの美しい黒髪は健在でした。つやっつや。肌もめちゃくちゃ綺麗《きれい》なんです。わたしが出会った三次元の女子の中で、一、二を争う肌の綺麗さです。ああん、うらやましい。湿気なんて嫌いよ。梅雨なんかわたしにはいらないのに。

しかしそんな梅雨も明ければ、待っているのは晴れ晴れとした初夏！　そう、オートバイの季節です！　幼い頃、父が友人のハーレー・ダビッドソンを借りて団地に乗り入れたシーンが忘れられず、免許が取れる年になったら絶対にバイクの免許を取る!!　と思っていたので、16歳になってすぐ、免許を取りに行きました。何故か125ccの小型二輪から取らなければならなかったわたしの時代ですが、まずは原チャリです。友達と取りに行って、最初は全く勉強しないで試験を受けたらもちろん落ちて、二度目で合格。筆記だけでなく実技試験もある小型二輪は、もちろん教習所に通いまくって合格！　しかし小型二輪といえど、このチビッコには大きく重く感じられたものです。教官の後を必死に追う様は、カルガモやハイハイしたての赤ちゃんのようでございます。わたしは原チャリの免許を取る時点で中型二輪（現・普通二輪）を目標としていたので、初めての50ccバイクもギア付きの、いわゆるスクーターではないものに乗っていて、ギアチェンジにも慣れていたこともあり小型は結構すんなり取れた気がします。しかし困難の壁はこの後の中型二輪免許取得の時に訪れたのです……。自動二輪の免許を取得するにあたり、女子のみなさん、特にわたしのようなチビい人たちが苦労するのは、実技の一番初めにやってくる「車体起こし」ではないでしょうか。小型はそうは言っても125ccなので、まぁなんとかなるんです。でもそれが中型の400ccになると、まずデカイ!!　左手で左のハンドルを持って、右手で車体を掴《つか》んで腰をグイッと入れて起こすんですが、力任せではどうにもならないコツがあって、わたしも最初はめっちゃプルプルしました。そもそも欲しいバイクが220ccなのになんだってこんなでけーバイク持ち上げなきゃいけねんだって話よ！　そして自分より遥《はる》かに大きな車体を内輪差を気にしながら操作して、細いカクカクしたクランクと呼ばれる難所を通り、タイヤの幅より数cmしか広くない一本橋を落ちないように渡り、教官の背中を見ながら自分の体重を車体の左右に交互に移して8の字に回るスラロームという、最早《もはや》曲芸の域に達してる項目をクリアしなければいけません。試験こそ一発で合格したものの、試験を受けていいよという教官のOKが出るまで、何度も橋から落ちラインを踏んで脱輪扱いになり、とにかく大変でした。

そうして400 ccの中型自動二輪に乗れるようになったのですが、みなさんご存じですか？ バイクも400 ccには車検があることを。確かに安定感もあってかっこいいバイクが多い400 ccですが、チビのわたしが扱いやすい車体なんか無いし、車検に出すたびに出費も嵩《かさ》むし、まず乗らないよね。ということで、買ったのは250 ccのYAMAHA Viragoというアメリカンタイプです。自分で乗るようになる前は、毎週のように父のバイクの後ろに乗り湘南《しょうなん》あたりにツーリングに行ってました。そういうのもあって友達が居なかったのかな……。自分のバイクを手に入れてからは学校のバイク友達とツーリングに行ったり、やっぱり父とツーリングに行ったりで、フツーの友達は一切増えなかったです。そんなわたしのバイクはタンクとフェンダーがオフホワイトだったので、シートとグリップを茶色にして可愛《かわい》くしようかなと思っていたある日、駐輪場に行ったらシロアリのような可愛いバイクちゃんが、こつ然と姿を消しておりました。……ショック過ぎてそれ以来、バイク買ってませんん。

でもその傷も癒えてきたので、今年は買っちゃおうかななんて考えております！ 娘小《むすめこ》狸《だぬき》が産まれる前は、父がしてくれたように、娘小狸を後ろに乗せてツーリングしようかなと思っていたんですが、万が一コケて怪我《けが》をさせてしまったらと想像すると、とてもじゃないけど恐ろしくてできない……。そんなこともありしばらく遠ざかっていたバイク熱ですが、最近はふつふつと復活しつつあります。まだ娘小狸を乗せる気にはなれませんが、ひとりでぴゅーっと風になるのも、毎日考え過ぎてる頭の中がすっきりするのかなと思います。走っていると流れる風景に悩みをひとつひとつ吸い取ってもらって、置いてっていいよと言われてる感じがして、いい音楽を聴いた時に味わうソレと似たような、全てが過去になっていく実感があって、何とも良いのです。興味がある方は、是非自動二輪免許の取得をOSSM《オススメ》します！

（2014年8月号）

3　アメリカ、そしてオタク

日本同様、オタクさんは世界中に散らばっています。というか、巣食っています。もちろんアメリカにもそんな輩《やから》は大勢います。そんなオタクさんたちにどっぷり囲まれる機会を与えていただき、先日アミユミ揃《そろ》って渡米致しました。目指すはアメリカ、サンディエゴ。そこで開催されるCOMIC-CONというアニメ・漫画・ゲームの祭典です！　いわゆるわたしのサンクチュアリです!!　この手の催し物は、オタクさん達がキラキラと輝いて見えるほど生き生きとコスプレをしていて、きっと彼らはこの日の為に、日々部屋にこって参考になるアニメを資料として研究し、衣装を制作していたのではないかしら……と思いたい衝動に駆られます。ディテールやこだわりも半端なかったです。しかも欧米人は顔が小さく手足が長く、体形がアニメっぽい方が多くて見ているだけでうっとりします。特にキュンとしたのは、『ダンガンロンパ』というゲーム&アニメで超高校級のギャルという設定のキャラ・江ノ島盾子《えのしまじゅんこ》のコスプレをしてるおそらくアメリカ人の女の子です。写真撮らせてもらえば良かった……と未だに後悔してるぐらい、アニメを超えた美しさでした。あとは太ったアナと雪の女王……どっちもどっちなぐらいボリューミーでした。

フランスのアニメフェスのコスプレもかなりキテましたが、アメリカも土地が広大だからでしょうか、かなり粒ぞろってます。しかしわたしもパフィーをやっていなければ、確実にこの空間に違和感無く存在していたでしょう。ふふふ。

なぜパフィーがアニメフェスにお呼ばれするかというのを一応ご説明しますと、2002年に我々が北米ツアーで12都市15公演ぐらいをしてロサンゼルスに戻って来た時、楽屋口で惚《ほう》けてたアミユミに背の高いアメリカ人男性がニヤニヤしながら近付いてきて、一枚の名刺を差し出しながら何やら言ってるんです。「こわ！」と思いながらテキトーに話を聞くと、そのニヤけた男は自分をアニメ専門チャンネルのプロデューサーだと言い、その名刺にはCARTOON NETWORKの文字が。アメリカ人はエグイ偽造すんなぁと思っていたら、その怪しいおっさん……男性は驚いたことにこう言い放ったのでした。「パフィーのアニメを作りたいんだ！」

そんな言葉を聞いたわたし達は、アメリカじゃまだまだヒヨッコの新人ですが、日本で散々酸いも甘いも戦車も戦闘機も経験してきたので、彼を信じて喜ぶ訳もなく、「へー！そーなんだ！　じゃあライブで会おうね！」と言って楽屋に戻りました。そしてマネージャー陣に「なんかめっちゃ怪しいのキタ━！」と報告して名刺を渡したところ、その後でマネージャーさんも名刺を渡され熱意を伝えられ、どうやら本物のプロデューサーということが判明し、数年後パフィーのアニメ『Hi Hi PUFFY AMIYUMI』が完成し、世界110カ国以上でオンエアされ、カートゥーン・ネットワーク初回視聴率歴代第1位を獲得し、局史上初の実写で本人登場みたいなアニメになりました。

内容としては、ロックミュージシャンのPUFFY AMIYUMIがツアーをしながら世界中を駆け巡る中で、楽天家のアミとシニカルなユミがドタバタ珍道中するみたいな感じです。大人も子供もアニメファンも楽しめる番組になりました！　わたし達はキャラクターのルックスやアニメの絵のタッチ等、企画の段階から例の怪しいおっさん、サムから相談されたので色々口を挟ませていただきました。

ところでサムはどうやってパフィーのことを知ったのか。これまたサムの怪しさに拍車をかける話ですが、ある日サムが渋滞中のロサンゼルスで車を運転していると、ふとカーラジオから流れたパフィーの「ブギウギ№5」という曲。これを聴いたサムが「あっ、この曲いい！　誰だろ。パフィー？　ソニー？」と思ったとか……。そしてそんなことも忘れたまたある日、家でテレビを観《み》ていたら同じく「ブギウギ№5」のPVが流れて、「あっ！　これあの時の！　パフィーだ！　わ〜、アニメにしたい！」と思ったとか……。調べてみるとその時ちょうど北米ツアーでロサンゼルスに来るというパフィー。なんて偶然！　というわけで、嘘《うそ》みたいなアメリカンドリームが始まったというわけです。

この話はパフィーを応援してくれてる人たちにはおなじみの話なので、ここに書いても「知ってる話ばっかやんけ」とお叱《しか》りを受けるのですが、そんな人たちにあえて言いたい。世の中の90%ぐらいはこの話知らん！　と……。

カートゥーン・ネットワークと太いパイプができたわたし達は、自分達のアニメが出来る前に、同じくサムが手がけた『TEEN TITANS』というアニメの主題歌を歌うことになり、このアニメの2nd Seasonとも言える『TEEN TITANS GO!』でもパフィーの主題歌をリミックスで使用していただいているというわけで、今回サンディエゴのCOMIC-CONの『TEEN TITANS GO!』ブースでのサイン会に参加することになったのです。『TEEN TITANS』シリーズでも大人気の声優さんたちと一緒にアニメファンからの質問に答えたり、久々にファンの方と直接お話をして、『Hi Hi PUFFY AMIYUMI』を観ていた頃は子供だったから今度はライブやってほしい！　なんて言う人に出会ったりして、自分が思っていた以上に望まれて、また北米ツアーやりたいなぁと思いました♡

（２０１４年10月号）

4　趣味は暗いこと全般です！

小学校低学年で手芸ブームが到来しました。初めは確かビーズです。小さな粒に糸を通すだけで、ネックレスやブレスレットができるとか、まさか子供にそんなものが作れるとは、想像を遥かに超えた出来事でした。家族に一通りネックレスのような簡単なものを作ってあげると、それだけでは気が済まなくなり、次なる過程として糸をワイヤーに変え、HOW TO本を読みだしたのです。そこには、あらゆる動植物がビーズの集合体で織り成され、それはまさにビーズの聖域（サンクチュアリ）のよう。聖域に対する強い憧れを胸に制作に取りかかろうとしたわたしに、最初の壁が訪れました。当時買ってもらっていたビーズは、色んな色や形のものがランダムにたくさん入っている、いわゆるお得パックでした。しかしその聖域に記されているのは、出版社との癒着がうかがえる「〇〇メーカーの何番ビーズ」というやつで、初めこそ何となく似た色形のもので対応していましたが、やはりお得パックには限界があるのです。それを痛感したのは、ナマズの目でした。どうしても、ナマズの目に使う大まが玉のビーズがお得パックの中からは見つからない。そこで初めて母に「ねぇママ、ビーズが欲しいんだけど……」と打ち明けました。もちろん返ってきた答えは「ビーズなんかその箱に死ぬほど入ってるじゃん」です。死ぬほどって量でもないし、だいたいナマズの目になる大まが玉も入ってないし、同じ色なんかちょっとずつしかないし。全然納得できないわたしは「違うんだよ、○○の△番ってやつが欲しいんだよ」と母を説得して、翌日ムリヤリ近所のファンシーショップに連れて行くことに成功したのでした。あらかじめ聖域に記されている中から作りたいものをピックアップして、必要なビーズの品番をメモしてから行きました。小さな透明の筒に入った品番通りのビーズが存在することに感動しつつ、数種類を買ってもらったのです。それからというもの、来る日も来る日も聖域の扉を開いては石版に描かれた図形の暗号を読み解くべく、完成形の写真を見つめ続け、それに近づける作業を繰り返しました。

今はすっかり忘れてしまったけど、上顎《うわあご》と下顎が開くワニが完成した時は、自分からはもう伸びしろしか感じられないとさえ思いました。わたしのビーズワークはどんどんエスカレートし、ウエディングドレスの花嫁さんまで出来上がる始末！　将来はこの素晴らしい作品の数々を並べて個展でも開いて、まぁあえて初期の作品としてナマズを展示するのもいいだろう、この渾身《こんしん》のウエディングドレスの花嫁さんを売ってくれという人が現れたらどうしよう、売るべきか売らざるべきか、値段次第とは言いつつも思い出に金額をつけて良いものかと夜な夜な悩んだものでした。ちなみにその作品の数々、先日ビーズの箱の奥深くから出てきましたが、到底人様にお見せできるものではございませんでした。

ビーズも小学生の一過性のブームで過ぎ去り、次はワイヤーを針と糸に持ち替え、フェルトで人形制作という、これまたもらって困るものに手を染めたのでした。わたしはビーズよりも針と糸に可能性を感じ、フェルト人形で得た「糸の止め方」「なみぬい」「まつりぬい」「たてまつりぬい」「かえしぬい」などのテクニックから始まり、母からもらった布の端切《はぎ》れで小さな小さなポッケのポシェットかきんちゃく袋を作った気がします。そして小学2年生の時に母が作ってくれた「お道具箱を入れて持って行くバッグ」に女の人とお花が素敵に刺繍されていることに感動したわたしは、母から刺繍を教わるのでした。そのバッグは今うちの娘小狸の部屋のドアフックに掛かっているので、「すごく嬉《うれ》しかったし、上手で感動したんだよ」と話すと「えー、テキトーに縫っただけだよ」と母に言われ、よく見てみると普通のボールペンか何かの下描きの跡も、消される気配もなく残っています。母は同じような大きさの布を縫い合わせて作るパッチワークにハマり、わたしは自分好みのぬいぐるみを作ったり、母の作ってくれたバッグの印象が強くて自分で刺繍をするようになりました。

それからというもの、冬が近づけば編み物、夏になったらレース編み、ぬいぐるみ作りはパーツが多いので大きいものは大変！　という理由で3.7㎝のテディベアと、それをアレンジしたウサギを作ることに。おかげで緻密な作業も好きになり、授業でねんどを使おうものならビーチボールを鼻先に乗せたオットセイを得意げに作る子供になりました。こんな言い方もアレですが、絵も得意なので思ったものを形にするのはさほど苦じゃないわたしは、頭の中で描いた絵が一番素直に出せる刺繍が特に好きです。

そんなわたしも来年でメジャーデビューして20年。デビュー直後は、自己紹介を何度もすることになるわけですが、そこで驚愕《きょうがく》の事実が判明するのです。

「こんにちは、パフィーの大貫亜美です。趣味は釣りとか絵を描いたりとか刺繍や編み物や縫い物とかです！」と言っていたら、ある日マネージャーさんにこう言われたのです。

「亜美ちゃん、今度から亜美ちゃんの趣味は『暗いこと全般』でいいと思うよ」

全国の手芸ファンのみなさん。誤解を恐れず言うならば、世間的に手芸を趣味とする行為は主に暗いことらしいです……。まさか自分の好きなことが暗いこと全般の一言で片付けられるなんて！　亜美ショック!!　でも今一番行きたい場所はニットカフェです。

（２０１５年5月号）

5　由美ちゃんと

新幹線に乗っています。由美ちゃんと。この20年間、よく色々な方にわたしと由美ちゃんの仲を勘ぐられることがあります。二人は本当に仲が良いのかどうか。これは由美ちゃんと一緒にいる時でもいない時でも、仕事でもプライベートでも、同じ数ぐらい聞かれる質問です。一緒にいる時は必ずと言っていいほど、「他のグループやユニットの方がどれくらいの仲なのかわからないのでわかりません」と答えているんですが、由美ちゃんがいない時に聞かれると先ほどの返答にプラスして「うーん、そうですねぇ。新幹線とか飛行機とかは絶対隣の席です」と言います。そうするとみなさん結構驚かれるのですが、わたしと由美ちゃんはそんな感じです。それが仲が良いことになるのかどうかは未だによくわかりませんが、この原稿を書いてるわたしの隣の席で、由美ちゃんはスーピースーピーと小さな寝息を立てて寝ています。……あ、嘘です。小さくなんかないです。グーグーうるさいです。わたしは集中したいのでヘッドフォンをしようと思います。新幹線の走行音に負けない寝息は完全なるオッサンのイビキです。

移動の際の席位置に加えて、やはり驚かれるのが、未だに二人っきりでごはんを食べに行ったり、自分の車で仕事に行く時に乗せてあげたりもらったり、自分たちでお化粧する時は髪を巻きっこしたり……そんなのはアミユミにとっては日常茶飯事です。20年近く一緒にいて、お互い沢山の知り合い（友達までいかない）ができ、ここ数年でようやく他のバンドやグループの人たちはそこまでしてないということを知り、何なら仕事以外で会ったことないとか、連絡先も知らないということも知り、そっちの方が驚きでした。嫌いなわけじゃないにしても、それじゃ仕事にならんでしょう！　というのがわたしと由美ちゃんの見解です。とはいえ我々も常に情報を共有しているわけではなく、ほっといてほしい時は自然とほっとくし、その逆も然《しか》り、相手がストレスの泉にどっぷりハマって人に言うことで発散させたい時には思いきり聞き役に徹する……これも長年の付き合いがなせる業《わざ》です。

そんなアミユミもパフィーでデビューして、5月13日でめでたく19歳となりました。今までたくさんの人に支えられ、紆余曲折《うよきょくせつ》&波乱万丈でしたが、これだけ長くやっていると辛《つら》かった出来事も軽く笑えるし、どちらかというと楽しい思い出しか浮かびません。人間てそういう風にできているのかしら。

今となっては良いパートナーですが、由美ちゃんにおいては大阪で生まれ育った年月よりも東京に出てきて過ごした年月の方が長くなっているので、家族より長い時間を過ごしている大貫かもしれません。こんなに誰かの人生に寄り添って過ごせるなんて、よく考えてみたらとても不思議な気分と共になんだか嬉しいです。同じように自分にもそういう人がいてくれて、しかも一緒にいると楽しくて、世間的にどんなにゲスい話題であっても盛り上がってずっと笑っていられるって、とても幸せです。そして最近気付いたんですが、こんなに長いことといろいろな方にお会いする仕事をしていて、「また会いたいな」と思う人は意外と少ないのです。わたしが人見知りなので特にそう思うだけかもしれませんが……。なので余計に、自分と気の合う人や共通の話題で笑って盛り上がれる人、一緒にいて気が楽な人って大事なんだなぁと思うのです。ここであえて書いてしまうほどに。

その中でも由美ちゃんは突出しており、常にトップを独走状態でキープしているおかしな人です。あんなに自由な人なのに、気ぃ遣いで優しい子です。あ、誤解を恐れず言うならば、自分のテリトリー内に入ることを許した人間にだけ特に優しい子です。

出会ったばかりの由美ちゃんはまるで、狼《おおかみ》に育てられたような警戒の仕方で、牙《きば》を剝《む》くとまではいかないにせよ、「絶対誰とも仲良くなんない感」が半端なかったです。わたしも人見知りだしそんなに他人に興味のない時期だったので、仲良くなるのには少し時間がかかりました。元々同じ事務所で、準備中のソロシンガーはわたしと由美ちゃんしかいなかったこともあり、よくいろいろな方のライブに勉強のために行かせていただいておりました。そんな場で頻繁に見かける新しく事務所に入ってきたあの子は、聞けばわたしよりも若いのに親元を離れ一人暮らしをしてるというではないか……なんだか可哀想《かわいそう》に思えてきた。と、それまで一人暮らしもせず反抗期もないまま実家で過ごしてきたわたしは、ここはひとつ大人になって、意を決して話しかけることにしたのです。

「……一人暮らしなんだって?」

「はい」
……アレ？　終わり？　こんなにドキドキして話しかけるなんて、わたしの中では革命的な出来事だったのに。Ami Makes Revolution なのに！　しかし美少女好きなわたしは、会う度に少しずつ話しかけ徐々に徐々に間合いを詰めていきました。すると、一度溶けた由美ちゃんの心の氷は再び固まることなく、すべてが水になってダムが決壊したかの如《ごと》く急速に仲良くなり、週休五日の日々をほぼ一緒に遊んで過ごすことになりました。こうして、東京に出てきて間もない人と東京に住んでる方向オンチが、待ち合わせしてはすれ違い、車に乗っては道に迷いの珍道中を繰り広げていくのです。そこから早十数年、わたしと由美ちゃんは誰よりも濃密で長い時間を過ごし、普通の20代の女の子が決してできないような経験をすることになります。

一番初めの奥田民生《おくだたみお》さんとのレコーディングは合宿形態で行われたため、アミユミは相部屋でした。そこでさらに仲良くなったと言っても過言ではありません。初めてのことだらけの世界にポロンと放り込まれた子羊、いや、子ブタが二匹、何が何やらわからなすぎて遊んで寝ての繰り返しのように思えました。

朝から自転車で釣りに行く人もいれば、ダラダラと起きてくる人もいて、午後からなんとなーくレコーディングが始まり、そこはお兄さん方が真剣に取り組みその合間にアミユミは仮歌を歌い、自分のパートを録《と》り終えた民生さんは広いスタジオの真ん中にゴロンと寝そべり、愛用のノートを広げます。歌詞を書くのです。そして集中力が切れてきたら、広いスタジオの天井が高いのをいいことに、おもむろに釣り竿を出してキャスティングの練習をするのです。そんな作業が一段落すると合宿所のおねえさまが作ってくださる夕食を皆で食し、食べ終わると当然のようにテレビの前に集合し、わらわらと各自コントローラーを手に取り、始まるのです。恒例の「恐怖！　食後のボンバーマン」が！　みなさんご存じでしょうか、『ボンバーマン』というスーパーファミコンのゲームを。自分一人が生き残るまで、容赦なく相手を爆弾で攻撃し、爆風で消し去った仲間の残したアイテムをここぞとばかりに根こそぎ拾い集め、時に逃げ場を失い自らも塵《ちり》となり、キャラクターを操作している人の人間性をも露呈させるこのゲーム……ああ恐ろしい。昼間は温厚で、どんなにアミユミが失敗しても文句ひとつ言わずに作業してくれたレコーディングエンジニアアシスタントまでもが意地悪なボンバーマンになるんだもの！　ちなみに由美ちゃんは潔く散るタイプで、わたしは策略を練りすぎて成功しないタイプです。そして今となっては我々のチームの部長になった山岸《やまぎし》部長（通称ケン君）は、こんな姑息《こそく》な人初めて会った！　っていうぐらいえげつない戦略家で、爆弾で仲間を囲むんです。もう誰も信じられない……。そんな楽しい夜を過ごし、アミユミは同じ部屋に帰っていくのでした。そしてその日のレコーディングの反省をするわけでもなく、その先の未来を語るわけでもなく、あーでもないこーでもないとくだらないワイドショーのことをおしゃべりして、窓から星を眺め、明日は勝つぞ、ボンバーマン！　と心に誓って眠るのでした。アミユミだけ決して順調ではない状況下のレコーディングでもこのていたらく。今となんら変わってません。

けれど、本人たちは至って真面目で、怠けているわけじゃないんです。皆さんにお聴かせするものはベストな状態です。でも「これ精一杯！」って思う見切り具合が、由美ちゃんとは合うのかもしれません。20年近く、お互いを叱咤《しった》激励することもなく、「嫌ならやめる、やるならがんばる」という気持ちを認めてきました。わたしにとってはそれが最高に心地よく、長く続けてこられた秘訣《ひけつ》の一つなのかも。

これがファーストミニアルバム『amiyumi』の制作過程のお話です。「アジアの純真」も入ってます。ちなみに「アジ純」はアルバム制作の流れで録ったので、シングル用に録ったわけではなかったんですが、アルバム全て録り終えてシングルをどれにしようかという段階で、やはり作詞がレジェンド・井上陽水《いのうえようすい》さんということもあり「アジ純」が有力だろうとなった時に、わたしはひとり心の中で「違うなぁ〜」と思ってました。マジであの時口にしないで良かったです。

（2015年7月号）

6　携帯ゲームと地獄と娘

わたしは原稿仕事をする時、たいてい音楽を聴いています。こんな時と車を運転している時ぐらいしか聴かないので、正直言って向いてる仕事に就いたとは思ってないです。だってみんなが大好きなあの女性ミュージシャンとかは「音楽がないと息ができない！　死んじゃう！」とか言ってるもの。でもわたし全然息できる。死なない。一週間聴かなくても全然平気。一ヶ月でも大丈夫だなぁ。それよりスマートフォンを奪われた方が大変かもしれません。携帯依存症なわけではないですが、スマホのアプリゲーム『LINE POP2』をできない方がイライラしてしまう。面白すぎて丸いものを見ると並べ替えたくなってしまう。いよいよ本格的に病気かなと思うぐらい、ステージ上からお客さんの頭を見てるとLINE POP2の配列に見えてしまいます。いつまでもゲームのことばかり考えてはイカン！　と毎日思ってはいるのですが、うまくできたもんでこういうゲームは、いわゆるライフというか、一度にプレイできる数が決まっていて、その上限を超えると時間によりライフが溜《た》まるまで待たないといけないのですが、少し忙しく家事をしたりテレビを観たりしてゲームのことを忘れていようものなら、スマホの待受画面に通知が来るんです。「ハートがいっぱいになったよ！」って。これすなわち「準備できたよ！　すぐやりなよ！

ほれほれ！」ってことです（あ、もちろんこの通知はオフにできます）。そうするとすぐやりたくなっちゃうじゃん。やるじゃん。時間経《た》つじゃん。夕方になるじゃん。焦るじゃん。でもゲームのステージクリアできない方が焦るじゃん。やるじゃん。夜になるじゃん。結局ゲームしかしてないことに気付いて愕然とするじゃん。しめきり翌日じゃん。更に焦るじゃん。画面見すぎてていい加減目も疲れてるじゃん。目を閉じるじゃん。寝るじゃん。朝じゃん。……という、負のスパイラルです。わたしをこんな無間《むげん》地獄に連れてってくれているLINE POP2は、各ステージによって異なる様々なミッションをクリアしていくパズルゲームです。タイムリミットもなくじっくり考えて攻略していくタイプのゲームなので、時間をかけようと思ったらいくらでもかけられるんです。暇つぶしには持って来いですが、時間のない時には決して開いてはいけないパンドラの箱です。しかもガラケーになぃゲームで、画面をこうシュッとやるんでね、スマホ使いこなしてる感が良かったんです。

わたしは新作が出たら毎回やる！　というほどゲーマーではないけど、ツアーの移動の時などは必ずゲームするか本を読んでます。が、交通機関で降りる駅にも気付かないほどゲームや漫画に没頭している大人もいかがなものかと思ってはいます。なので、ほどほどに楽しむということを心がけて日々過ごしています。心がけてはいるんです。でもタクシー乗りながらゲームしちゃうと、曲がるべき道で曲がってくださいと言い忘れ、さもわざと遠回りしたかのように「で、そこの角を左に。はい。そしたら一本目の細い道も左で」とか言う羽目になるんです。娘の横でプレイしている時にも、あと一歩のところで失敗しようもんなら、「ふんぬーーー!!!」と声を荒らげてスマホを折りそうになってしまいます。するとと「ママ、たかがゲームだよ。落ち着いて。ね、たかがゲーム」と癒《いや》しの言葉をかけてくれます。この言葉に何度救われたか……。まさに天使！　なのにわたしったら鬼神の如くゲームばっかかして……ママ、恥ずかしい！　絶対地獄に堕《お》ちる！　わたしをこんなダメ人間にするゲームが悪い！　特にスマホでできるゲームが気軽すぎて悪い！　大好き！

わたしはスマートフォンを持って日が浅いんですが、未だにガラケーも手放せず、通話は主にガラケーでその他はスマホというキャバ嬢的使い分けをしています。なぜスマホ一台にしないかというと、スマホの能力を疑っていたからです。しかも友達みんなすぐ画面割れてたし、肩に挟んだらほっぺで他のボタン押しちゃいそうだし。ガラケーでもパカッてするやつはひときわ丈夫だし。ガラケーを手放す理由が見つからなかったんです。

その二台持ちという手段に気付かずにいる頃は、ガラケーで全て処理しようとしていたので、友達がどんどんスマホになるにつれ、連絡手段がみんなＬＩＮＥになり、ガラケーでなんとかできないものかと登録してみたところ、驚くことにガラケーでもできたんです。「やっぱスマホなんか必要無いじゃん！」とか言いながら友達グループと集団ＬＩＮＥをしてみたところ、いくらわたしがパソコンのキーボードもガラケーのボタンもあのささやかなポッチ（突起）頼りにキーを見ずに打つことができるといっても、スマホのフリック入力にはついていけるわけもなく、次から次に変わる話題に気の利いた一言も添えられずただの閲覧者になってました。そしてみんなの話題がＬＩＮＥのトークルームの背景は何にしているかという話になり、わたしは一向にピンと来ないまま読み進めていきました。とーくるーむ？　背景？　はて？　背景も何もわたしはちゃんとみんなの会話を見られているし、これ以上どんな機能が必要だと言うのか……と不思議いっぱいなまま、みんなの話題が他に移りかけてきた頃にようやくその謎をぶつけることに成功しました。「トークルームとか背景って何のこと？」と。すると友達の一人が「トークルームはこのグループの会話のココ！」ふう〜ん、なるほど。わかったようなわからないような。そしてもう一人の友達が「背景はこのトークルームの背景をみんなは何にしてるのかなって話だよ！」……ん？　え、じゃあ背景の絵って変えられるの？　どこにそんなボタンあるの？　わたしがいくら聞いても、誰も教えてくれません。さっきまで親切だったのに！　みんなガラケーのことなんか覚えちゃいないしガラケーのＬＩＮＥなんてわかるわけないんです。それでもわたしは言いました。「色々いじってみたけど、背景変えるボタンなんて無いし、わたしこの木目のままでいい」と。すると全員から「え？　木目!?」と言われました。わたしのガラケーでのＬＩＮＥの背景は、初めからしっぶいしっぶい木目でした。しかしスクリーンショットが撮れるわけでもなく、会った時に見せて笑われるまで信じてもらえなかったので、これを機にスマホにすることを前向きに検討したのでした。だって、わたし一人だけ木目だなんてヒドイ！　わたしだって、かわいい絵やお気に入りの写真の背景にしたいもの！

スマホに切り替えてからもしばらくはそれまで通りガラケーでゲームをしていました。

スマホに移行した途端データが飛んだなんて話が多かったので、そんなことがあってはならぬとビビりあげていたからです。そこまで執着してどハマりしていたのは、恋愛シミュレーションゲームでした。その名も『恋愛上等イケメン学園』!! 不良が通う男子校に一人で通うことになった主人公の自分が、数人の多種多様な男の子の中から好きなタイプの男の子と相思相愛になるまでのドキドキ感を味わうゲームで、選択肢の中から「わたし」が選ぶ答えによって相手のセリフも違ってくるし、エンディングまで変わるという代物《しろもの》です。ちなみに男の子と親密になるに従って名前の呼ばれ方も違ってくるので、「わたし」の名付け方からちゃんと考えなくてはいけません。本名にしたら恥ずかしすぎるし、かけ離れすぎても実感わかなすぎるので、考えあぐねた結果、「貫山田《ぬきやまだ》亜美子」にしました。すると最初のうちは「貫山田!」って呼ばれてたわたしですが、最終的には「亜美子……。俺、亜美子のこと……」ってなるのですよ!! きゃ〜!! 更に付け加えるなら、わたしの好きなタイプの男の子はいつだって、「パッと見、無愛想で女の子と話すのも苦手そうなんだけど、好きな女の子にだけめちゃくちゃ不器用な優しさをくれるタイプ」です。実際そんな人は居やしないので二次元限定ですけど。

あまりに楽しすぎて全員の全パターン攻略したら出現するという先生までも攻略した始末です。確かそんな感じの出現だったと思います。今となってはありえないガラケーの通信速度で全パターン! 何なら好きなタイプの男の子は2回ぐらいやった。寝ても覚めてもその子のことばっかり考えてた。よくやったなぁ……。思えばあの通信速度を、男の子からの「焦《じ》らし」のように感じてたんじゃないでしょうか。我ながらアホすぎて、これを読んで泣いてる母の姿が目に浮かびます……。こんなにハマったんだから、スマホでサクサクとやったらいいんだ！　と思い、その時お世話になった恋アプ（恋愛ドラマアプリの略らしいっす）を制作しているボルテージさんのゲームを開いてみたところ……スマホは画面が綺麗すぎて、わたしがときめきまくった男の子たちが大きく美しく出てくるので、本気で抜け出せる自信がなくなり、スマートフォンに慣れるまで封印しようと思いました。いやぁ、照れちゃった。わたしにはガラケーの通信速度でもたついた恋愛ぐらいがちょうど良かったのかもしれません……。

（2015年8月号）

7　お前のかーちゃん、ラッコだったぞ

わたしは今、謎にT.M.Revolutionの「HOT LIMIT」をリピート再生しながらこの原稿を書いてます。

いや、ちっとも謎じゃないんです。実を言うと、もうすぐ我々パフィーのデビュー20周年に向けたイベント「パフィーと対バン・愛の説教小屋」の第1回目のゲストにT.M.R.さんをお招きしたので、彼の曲を覚えてるところです。恐らくこれを歌うであろうわたしは、西川《にしかわ》氏と元・西川さんの間に入る立ち位置なのだろうか……ややこしい上に複雑な心境である。こういうこと言うと元・西川さんはいつも「私の方が複雑だっつーの！」と言い返してきます。ゲストの西川氏も恐らく複雑な心境だとは思いますが、快諾してくださって本当に感謝です。めちゃくちゃ感謝ですし、マジリスペクトハンパネェですが、一言言わせていただければ、「あんたも断んなさいよ……」です。しかしそこはデビュー日も全く一緒、相方も一時期カブってるわたしたちなので、うまいことやると思います。T.M.R.サイドのイベントにも出させていただきましたし、エンターテインメントの世界で生きてる戦友のような存在ですからね、そりゃあ盛り上げますよ！　ちなみにこのイベントのチケット代ですが、7129円とさせていただきました。えー、何故《なにゆえ》この中途半端な

値段なのかと申しますと、えー、「7129えん……7129エン……ナイフクエン……無い復縁」。

西川氏といえば昔からオシャレさんでしたので、彼がお召しになってるお洋服や、元・西川さんの吉村《よしむら》がお召しになってる西川氏のお洋服がどこのものか、よく興味津々で聞いていました。彼らのおかげでわたしも新たなブランドを知ることができたのです。そんな西川氏が先日パフィーのライブに来てくれたんですが、その時もお召しものがまぁオサレで！　柔らかなブラウンのレザーのシャツにほっそいほっそいパンツをブーツにインですよ。美に対する意識も女子力も、きっとアミユミの数千倍高いと思います。

特にわたしはマニキュアが剝《は》がれかけていようが、お洋服に商品タグが付いていようが、胸元にパンくずをのせていようが気にならないので、あまり女子っぽいオシャレには向かないです。そもそも昔からカジュアルというか楽なものを好むのですが、理由はただ「どこにでも座れるから」。この年になってもそのスタンスは変わらないので、今も私服はそういうものが多いです。というか、レコーディングやツアーの移動など長時間の仕事が多いので自《おの》ずとそんな服を選んでしまいがちです。レコーディングスタジオでは床に寝っ転がって歌詞を書いたりパソコンやったりですし、ツアーで飛行機に乗る際には、ロビーで椅子《いす》が空いてないと外国人に交じって床に座ってます。北米ツアーの時の国内線ではティーンからファミリーまでみんなどこにでも座ってケータイやパソコンをいじり、夜は子供が床でガン寝してたので、それ以来空港ってそういう所と思うようになりました。

撮影やテレビの収録では衣装を着るので、少々パリッとしますが、窮屈でいけません。常にカメラが回ってるなんて、非日常過ぎて後でどっと疲れるんです。そんな時は衣装を脱いだ時の解放感を楽しみにがんばるんです。派手な世界の地味な喜び。

先日テレビで椎名林檎《しいなりんご》ちゃんが「衣装と私服の境目はございません」と言ってたのですが、彼女の場合私服が衣装並みに派手というか、きちんと人様の前に出られるお洋服なのです。林檎ちゃんとは結構前から仲良くしてもらってるので、以前彼女に「日和姫《ひよりひめ》」と「主演の女」という2曲を作ってもらい、プロデューサーとして参加してもらって一緒にレコーディングしたんですが、わたしのファッションセオリーとは微塵《みじん》もかすらないパリッとした（おそらくヴィヴィアン・ウエストウッドの）ブラウスにタイトなスカート、そしていわゆるピンヒールを履いておられました。そんな格好で歌のダメ出しなんかされた日にゃあ、もうたまりませんぜ！　林檎ちゃんが足を組んで椅子に座る姿も、ペンを走らせる姿も、悪夢のように美しいんです！　ダメな時はいっそそのピンヒールで踏まれたい!!　それにひきかえわたしの格好は、あまり覚えてませんが裏切ることなくズルズルだったと思います。だって普段パリッとしてることなんてまずないもの。まぁ、どうせこなれ感抜群のヨレヨレのTシャツに穴の開いたデニムですよ。それかオーバーオール。ワクワクさんみたいな。……我ながら地球上の女子がどんどん減っていっても最後まで選ばれることはないと感じます。

ま、言い訳としては、スタジオワークはリラックスできるものを着たい！　という気持ちと、現場にイケメンがいないということの2点です。ちなみにパフィーのマネージャーは男性二人です。さすがに最近は年頃なので、撮影がなくてもお化粧して外出するようになりましたが、以前はそんなこともなく、チョイチョイでした。ちなみにパフィーのマネージャーは男性二人です。

わたしが自分のファッションの中で大事にしているのは、よく聞くセリフかもしれませんが「流行《はや》りのものより自分に似合うものを！」です。わたしの場合、自分に似合う＝コンプレックスをいかに隠せているか、であります。コンプレックスとは人それぞれ違うものですし、本人と周りとでは更に気にするポイントも違うので、この不特定多数の方が目にするであろう誌面でわざわざ暴露するつもりはないですが、それはもう、沢山沢山ございます。デビュー当時はジーパンにTシャツでテレビに出ていたアミユミですが、それも消去法によるものでした。何故ならわたしには両足の裏の、指の付け根というか、指と土ふまずの間の、ちょうど土踏んじゃう部位（小4のわたしは「土ふむむ」と名付けました）に、大きめのウオノメが2個ずつあるのです。あと剣道でできたタコ。それらの仕業で、ヒールのあるものを履くと5分もしないうちに足が痛くなって歩けなくなるのです。小学校4年生からの付き合いですが、未だに改善することもなくわたしの両足の裏に居座り続けております。そいつらのせいで、ヒールが似合うような女の子っぽい格好ができず、まぁ似合わなかったんだとも思いますが、ジーパンとTシャツになったわけです。あとはやっぱ奥田民生プロデュースだったからってのもあると思います。

初期の頃は衣装と私服の差が「ジーンズのランク」ぐらいでした。ヴィンテージブームだったので、我々もダウンタウンの浜田《はまだ》さんのスタイリストの方にお店を聞いたりスタイリングをお願いしたりして、段々ジーンズのグレードが上がっていったんですが、メディアへの露出が多くなればなるほど私服でジーンズを穿《は》くことが少なくなりました。だって、「わたしパフィーですよ、見て下さいみなさん！」って言いながら歩いてるようで恥ずかしかったんです。なので一時はその反動でかほとんど黒しか着ない時期もありました。小金を持つようになったのでコム・デ・ギャルソンに行ったりヘルムート・ラングで買ったり。しかしそのブームも長くは続かず、チョイチョイ古着屋さんに行ってはスウェットを買い、なるべくジーンズを穿かないカジュアルなファッションを楽しみました。

その時好きになった人にもファッションはだいぶ影響されます。基本的に自分には到底真似《まね》できない尊敬できる面を持ってる人を好きになるので、その人みたいになりたい！と思うことがよくあります。男女問わずです。友達で、イギリス人と日本人の両親を持つ女の子がいるんですが、背が高くて美人で、その子の全てがかっこよくて、中身も大好きで……。わたしの好きなお洋服屋さんで働いてる子だったので、当然同じジャケットを持ってたりして、お揃いで着てプリクラ（初期）撮ったりしてました。今の彼女はドイツ人の旦那さんと娘とロンドンで暮らしてます。

最近のわたしはまたファッションどうでもいい周期に入っていて、どんどんズルズルになってきてます。とりあえずTシャツを買う感じです。吉祥寺《きちじょうじ》の古着屋さんで買ったラッコの絵のTシャツがお気に入りです。今でも真っ黒い服は好きですが、わたしの中ではお出かけ着の類《たぐい》にしてあります。お食事会とか、娘の学校に行く時ですね。さすがにラッコで行ったら「お前のかーちゃん、ラッコだったぞ！」とか言われそうで心配なので、なるべく目立たないようにしてます。ファッションを考えるのは少々めんどくせえですが、気持ちもパリッとするので好きです。しかしパフィーはライブは基本的に私服でやるので、由美ちゃんと相談したりで結構苦労します。フェスだと特に、外なので気温も考えないといけないし、杢《もく》グレーなんて着た日にゃワキアセがパカーンとなるので言語道断ですし、風に煽《あお》られてパンチラでもしようものならお客様全員に迷惑料をお支払いしなければなりませんし。そう考えるとやっぱめんどくさいです。できることなら衣装を用意してほしいです。でもきっと不満は残るんです。それも嫌です。ああ、一番めんどくさいのは自分自身でした。

（2015年10月号）

8　母と娘と、暗い趣味

最近やたらと眠いです。もう秋だというのに未だ冬眠から覚めてない気がしています。夜更かしをするからでしょうか。その夜更かしは昼間に仮眠を取ってしまうからでしょうか。答えが出ている謎に背を向けて、暗い森をさまよっている気分です。しかしそんなアホなことを言ってる場合じゃございません。わたしには12歳になる可愛い子がいるんです。こんなお母さんじゃグレちゃう！　とはいえ、思い返せばわたしの母もわたしが部屋で宿題していると「遊ぼ！　遊ぼ！」と言ってくるような人でした。今こうして文章にしてみると母が座敷童《ざしきわらし》のようでコワイです。そんなわたしはグレることなくまっすぐ育ったので、わたしの娘がどう出るかは彼女次第ということでしょうか……なんか嫌な予感するけど。でもうちの娘がグレたら吉村由美さんの更生施設にぶっ込んでやるんです。

わたしがグレずに育った要因の一つとして、暇を持て余した時は友達と遊ぶより一人で遊ぶ方が好きだったことが挙げられると思います。多感な時代は『積木くずし』ブームを少し過ぎたビーバップ全盛期。わたしの地元にはボウリング場にカラオケが併設されている「ラウンドワン」から健康的な要素を全て取り除いたような遊技場があり、そのすぐ近くには改造学生服を店の奥で取り扱う洋品店……。学校に行けばおでこにうっすら血の滲《にじ》んだガーゼを貼っているスカートの長い長い女子。聞けば週末に鉄パイプで殴られたとのこと……。そして通学路にはリアルにビーバップの菊リンが住んでいたという素敵な街でした。その頃のわたしは父の赴任先の韓国から帰国したばかりのファミコンに触ったこともない中学生だったので、悪そうな奴《やつ》らは大体トモダチってわけでもなく顔見知り程度でした。そんなダサい中学生は夜の街を徘徊《はいかい》するでもなく、寝るまでの間は漫画を読むか何か作るかに時間を費やしていたのでした。

物心ついた頃から、勉強を中断させてまで遊ぼ遊ぼと誘う座敷童ちゃんのような母にお裁縫や編み物を教わったわたしは、フェルトでお人形を作ることに始まり、刺繍をしたり、ミシンをかけたりして一人黙々と暗い趣味に向き合ってきたのですが、常に遥か上を行く母の技をいつまでも越えられず、ずっと母の背中を追っています。わたしが覚えている最古の母の手作りものは、小学校2年生の時に作ってもらった手提げバッグです。クラスメイトがピンクやら赤やら、キティーやらミッキーやらのバッグを提げて学校に通う中、わたしは楽しみにしていた母の手作りバッグが無地のベージュだったことにショックを受けました。幼いながらに「じー、地味!」と思ったのを覚えています。今でこそ無印良品的なシンプルイズベストの良さがわかるものの、さすがに小2にベージュの良さはわからず……。がしかし、実は無地のベージュは片面で、もう片面には女の人とお花の刺繍が施されており、それを発見した時はすさまじく感動したのです。

それ以来、母を手芸の師と仰ぎ、肩を並べるべくせっせと創作活動に勤《いそ》しむ小公女アミは、母の独学ならではのアイデアに度肝を抜かれることもしばしば。ウサギ好きなわたしに、ウサギが大きめにプリントされてる布を買ってきて、ウサギ部分をくり抜き、違う布を同じ形に切り取り、合わせて縫って綿を入れて、ぬいぐるみだと言ってプレゼントしてくれました。ぬいぐるみの概念が崩れた記念日でもありました。柔らかい色の清潔な感じのコットンで作られたそれはまだ大事にとってあります。

母はどうやら同じ作業を続けることが苦にならないタイプなので、わたしが唯一手をつけないパッチワークが得意です。ちなみにわたしのメガネケースは母のパッチワークが施されていて可愛いです。

こんな幼少期を過ごしちゃったので、未だに時間のある時には、ユザワヤやオカダヤへ行って手芸用品を買い漁《あさ》ります。幼少期にはお目にかからなかったネオンカラーのフェルトに刺繍糸、小金を持つようになるまで高くて買えなかった変わった形のビーズ、UVレジンを固める材料やアクセサリーキット、ネイルアートにも使えるラインストーンや小さな押し花。そして何と言ってもパッチワーク用の布の端切れです。最近の端切れは、今となってはレトロで可愛らしい懐かしい感じの——子猫の絵だったり、シックなテキスタイルのものだったり、一歩間違えればダサいギリギリの色合いのドット柄とか、え！　これ布にします？　みたいな壺《つぼ》がモチーフの柄とか、とにかく種類が豊富でとても可愛い——色柄が多く、パッチワーク用に同系色がセットになっている場合もあります。そういう時はとりあえず暖色系、寒色系をマストバイのわたしですが、先述の通り、未だかつてパッチワークに手を出したことはありません。

手芸用品店に行くと、ただでさえ心揺さぶられる魅力的な布がたくさん売られているというのに、ご丁寧にHOW TO本まで置いてあるので、それをペラペラとめくり、さっき見つけたあの南国の鳥と植物柄の布はスカートにするのが良いのかバッグにするのが可愛いのか、シミュレーションを始めます。結局何を作ろうか決まらないまま本を閉じ、とりあえず布だけを持って歩いて行くと、途中にポンポン飾りのついたリボンテープなどを発見してしまうんです。「ああ、これスカートにした時に裾に付けたら可愛いな」とか、「バッグのストラップにピャーッと縫い付けてもいいし、こないだ買ったモッズコートの肩から袖にかけて付けてもいい……とりあえず買っとこ」ということになり、両手いっぱいに荷物を抱えてレジに向かいます。こんなことが非常によくあります。しかし実際にはあまり使いません。ちなみに最近作ったのはブレスレットです。チャームだけ買って放置してあったのを赤い細い紐《ひも》とジョイント部分の金具をオカダヤで買って作りました。わたしの手首は異様に細いので、理想のサイズ感に仕上がりました。

なので、わたしの部屋には小さな手芸店くらいのストックがあります。買って「いつでも作れる」状態にしておくと満足してしまうんです。お店で売ってる手作り感のあるものに関しては、「あーはいはい。作れるから買わない！」と言って商売の邪魔をします。娘にもよく言います。でも時間がないことを理由に作りません。「やるやる詐欺」と言われています。何これ。病気ですか？

先日も、友達夫婦と名店「肉山《にくやま》」に行き、おなかいっぱい食べ過ぎてさすがに少し歩こう！　ということになり、プラプラと初めての土地を探索しながら歩くこと2駅分……住宅街の小さな商店街のはずれに突如現れた、水色に塗られた木枠のドアとガラスの店構えがとても可愛らしいお店。綺麗に磨かれたガラスの向こうに見えるのは、見たこともないような色彩やヴィンテージのような色柄の布がたくさん並んだ魅力的過ぎる光景！　一緒にいた友達（ファッションデザイナー）も、みんなで吸い込まれるように入って行きました。入ってすぐのビニール加工の施されている布コーナーで既に全員足が止まり、中でも珍しいメキシカンスカル柄の布に心奪われたわたしは、このシリーズ絶対買おう！　と思いつつ値段を見てちょっとビックリ……。心をよぎったのは「結局何も作らないのにこんな大枚はたいていいいんだろうか」という問いかけでした。とりあえず店内をくまなく見て、本当に気に入ったものを買おう！　と今更の学習をしだしたわたしは、お店の外でビニール袋に入って売られていた、モコモコのいろんな色のフェルトの端切れの詰め合わせを選び、それをレジに預け、更に物色。ジッパーのチャームにスプーンやらヤカンやら、お花やら何やらこんな沢山種類があったなんて！　とか友達と言いながら、シリコン製の指ぬきなどの手芸便利グッズとかで徐々に手が塞《ふさ》がり始めた頃、自分からは完全に死角になっていた場所に、階段を発見。このお店には2階があったんです。

ワクワクが最高潮の中、靴音を響かせて上がる階段は、わたしにとってまさに天国への階段。上りつめた先にはそう、わたしの収集癖心をくすぐるもう一つのアイテム、ボタンとワッペンが！（↑アイテム二つ）。

どうやらこのお店、海外からの輸入ものが多いらしく、ユザワヤやオカダヤでは見かけないデザインが盛り沢山。ボタンは比較的優しいお値段だったので複数購入。中でもパーティーグッズをあしらったアホみたいなボタンがお気に入りです。あとは可愛くない猫とか、色とりどりのポップコーンのボタンとか。

一人大きな袋を持って店を後にしたわたしは、方向音痴だし二度と辿《たど》り着けないであろうこのお店に、霧の立ち込める森を彷徨《さまよ》う中、ぼんやりと灯《とも》る光と共に突然姿を見せた大きなお屋敷のような、サプライズオアシスを感じました。もう一度行きたい……ちゃんと作る物を決めてから。

（２０１５年11月号）

9　どこまでも尊い

２０１５年11月18日に発売になりますニューシングル「パフィピポ山」のプロモーションのため、いそいそと働いております。イベントに参加したり、テレビコマーシャルの歌を歌唱したり、歌番組に出たり……。プロモーション期間というのは得てしてそういうものだと、もう20年近くやってるんだからわかってるはずなんですけど、日々のルーティンワークとは違い一気に華やいだ世界に足を突っ込むので、頭の切り替えが大変でございます。以前はレギュラー番組をやっていたので毎週テレビ局に通い、守衛のおじさんと仲良くなったりしたもんですが、最近はとんとご無沙汰なので、一人で向かおうものなら確実に止められる感じです。お化粧だってしてないしね。っちゅーかわたしの場合、慣れ親しんだはずのレコード会社にお化粧して行っても止められるんですけどね。由美ちゃんはすんなり通してもらえるのに！　そしてわたしに足止めを食らわせた守衛のおじさんが、わたしに気づいてくれた別の守衛のおじさんに怒られてる横を通り過ぎるときの気まずさったらもう。わたしが悪いんです。華のないあっしが。時にはわたしが止められてる横を由美ちゃんがニヤニヤしながら通り過ぎるんです。そして助けてくれるんです……お礼なんか言わないいんだからねっ！

そんなわたくしの所属しておりますグループ、パフィーはソニー・ミュージックアーティスツ（ＳＭＡ）という事務所の専属アーティストとなっているわけですが、同事務所には……と、ホームページの「アーティスト」部分をクリックしてみたら「サーバが見つかりません」とのお答えが。どんだけ秘密主義なんだか。なので、わたしのおぼろげな記憶をたどると、奥田民生さんはもちろん、ユニコーン、矢野顕子《やのあきこ》さん、東京スカパラダイスオーケストラ、氣志團《きしだん》、木村《きむら》カエラちゃん、電気グルーヴ、西野《にしの》カナちゃんといった音楽系の方もいれば、徳光和夫《とくみつかずお》さん、ミッツ・マングローブさん、国生《こくしょう》さゆりさん、二階堂《にかいどう》ふみちゃん、朝の連ドラ「まれ」でおなじみの土屋太鳳《つちやたお》ちゃんなどの俳優さんやタレントさんもいて、最近は芸人さんなんかもいるんですよ。バイきんぐとかAMEMIYAとか。かと思えば、ラーメン王でおなじみの石神秀幸《いしがみひでゆき》さんとか、料理人の神保佳永《じんぼよしなが》さん（この方のお料理本当に美味《おい》しいです。女子ウケ率高し）などもいらして、非常に多種多様な人材を取り揃えた大きな事務所です。大きな事務所だけあって、経営も非常に大変だろうと思いますが、最近は「顧問」と「名誉顧問」なる役職ができまして、地味に代替わりもしています。２０１５年６月までの名誉顧問が奥田民生さんで顧問が真心ブラザーズのYO-KINGさんと徳光和夫さん。そして奥田さんが「卒業します！」と宣言して決まったのが、名誉顧問に繰り上がったYO-KINGさん、顧問には東京スカパラダイスオーケストラのトロンボーン担当・北原《きたはら》さんと徳光和夫さん。さて、この顧問たちは一体何をするんでしょう。ということで、以前民生さんが顧問をなさっていた時に尋ねたことがありました。

あ「ねえねえ、顧問て何すんの？」
た「んー、ゴルフ」
この一言で、わたしも顧問になろうと思いました。そしてゴルフもなんとなくやっとこうと。
思えばユニコーンなんかはSMAの前身でもあるCSAという事務所の時代から長いこと所属しているのですが、その当時のユニコーンのマネージャーが原田《はらだ》さんという、ユニコーンファンならみんな知ってる名物マネージャーです。いつも赤いメガネをかけていて、白髪の、えー、髪型につきましては画像検索していただいたりすると非常にわかりやすいかと思います。わたしの方からは何とも形容し難い感じでして、非常にデリケートな問題でございます。おなかはぽっこりしているものの、本当にお似合いになるサイズ感のTシャツに、これまた細すぎないパンツを穿いてらっしゃいます。このサイズ感がとてもオシャレなんです！　そして何よりも脚がめちゃ長いんです。腰の位置が高いと言った方がいいかもですね。外国人レベルの腰の高さです。お出かけの時やライブに顔を出す時なんかは、サラリとシンプルなTシャツとパンツの組み合わせに、原田さんといえば、のスカーフをシュッと巻いてらっしゃいます。スカーフといっても中尾彬《なかおあきら》さんのようなネジネジではなく、アレキサンダー・マックイーンとかの、ちょっとロック感もあるやつです。これがまたカッコイイんです。冬は赤のタータンチェックのライダースやこれまた素敵なサイズ感のピーコートをお召しになります。

以前パフィーが「HEY! HEY! HEY! MUSIC CHAMP」というダウンタウンさんの番組に出演した際に、原田さんのぽっこりおなかを見たダウンタウンさんに「スイカドロボー」と呼ばれておりました。ローリングストーンズが大好きで、いつもキースとお揃いのスカルリングをつけてます。まさにSMAの顔ともいうべき存在でした。もちろんパフィーも原田さんの作ったHit&Runという班に所属しておりました。というより、パフィーは楽曲を奥田民生さん、その他の部分を原田さんによって作られたと言っても過言ではありません。それだけ我々パフィーにとって原田さんは大きな存在でした。

原田さんといえば、お世話になったことのあるアーティストなら誰しもが「両手に紙袋いっぱいの姿」を思い浮かべるはずです。それぐらい原田さんて、色々お買い物するんです。中身はみんなの衣装だったり、撮影に必要な小物だったり、差し入れのケータリングだったり。ファッションやグルメのアンテナは丸の内のOLを軽く凌駕《りょうが》する勢いでした。何かと流行ごとに詳しい原田さんなので、今でも知りたいことがあると原田さんに聞いてます。「こういうアイテムを探してるんですけどどこに行けば買えますかねぇ」とか。しかも原田さんがすごいのは、それが日本だけにとどまらずニューヨークやロサンゼルスにも詳しいというところ。ガイドブックに載ってる以上のお店の情報を持ってらっしゃいます。「北米ツアーの時、ニューヨークで一日オフがあるんですけど、いい感じの古着屋さんないですか?」って聞くと、お店の名前と番地と電話番号、地下鉄での行き方などなどプラス、その足でここ行くと面白いよ的なお店まで、至れり尽くせりの手書きのメモをくれるんです。原田さんの文字は洋楽のＬＰジャケットに曲名が殴り書きされてるような可愛らしさがあり、わたしは大好きです。さらに驚くべきは、原田さんは車の免許を持ってないんです、なのに道にめちゃくちゃ詳しいんです！　大袈裟《おおげさ》かもしれませんがタクシーで稼げるレベルかと思われます！　それだけ世界のファッション流行基地を自分の足で闊《かっ》歩《ぽ》してる原田さんなので、常に情報通なのです。

20年近く活動していて、有難いことに未だにパフィーのことをおしゃれだと評価してくださってる方々が沢山いらっしゃいますが、パフィーのファッションも原田さんが確立してくれたものです。ヴィンテージのジーンズにＴシャツ、スニーカーやレッドウィングのブーツ……いわゆるパフィーっぽいと言われるファッションは、原田さんが用意してくれたものを、この仕事の右も左もわからないアミユミが着てただけなんです。

パフィーのデビュー当時、原田さんは衣装を用意するような立場どころか、既に会社のエライ人でした。なのにわざわざ原宿行って買ってきてくれるんです。両手いっぱいに。海外出張の際は、こ珍しいアクセサリーをお土産に。そして海外では東京はどう思われてるのか、現地の方の意見や反応を見ながら、日本に帰ってきては海外で流行っているものを教えてくれたり、日本ではサイン会をしたことがないパフィーに、アメリカの大きなレコードショップでライブとサイン会をしよう！　など、今となっては主流ですが、当時のパフィーにとって斬新な提案をしてくれたりするのです。常に海外にもアンテナを張っていた原田さんがいてくれたおかげで、アメリカのカレッジチャート（アメリカの大学の学生自治会が独自に運営する各大学ＦＭ局の総合チャート）でパフィーの曲がランクインしたことがありました。そしたら渋滞中の高速道路でその曲をラジオで偶然聴いて興味を持ったカートゥーン・ネットワークのプロデューサーが、パフィーのロサンゼルスのライブに来て「君たちでアニメ作りたいんだよね〜」と言ってきました。そしてパフィーは世界110カ国以上で放映されるアニメの主人公になったのです。その時のプロデューサーは今、米ワーナー・ブラザースの幹部になり原田さんのマブダチです。アメリカってすごい国……と同時に、原田さんてやっぱスゲー……て思いました。

　そんな原田さんですが、今年でＳＭＡを卒業なさって、今はご自分で会社をやってらっしゃいます。でもわたしたちとはちょいちょい会う機会もあって、何より原田さんのお勤め先のめちゃくちゃ近所に行きつけの仲間の店があるんです。ふふふ。事務所に行って原田さんがいらっしゃらないのは寂しいですが、一緒にごはんを食べる時間が増えたので良かったです。わたしはパフィーのリーダーなので、チームのことや由美ちゃんと議題に上がってること、自分の悩みなんかを隙あらば原田さんに相談したいです。プロモーション期間が終わったらお願いしてみよう。以前そんなチャンスに恵まれた時は、初めて食べるような美味しいものが沢山出てくる和食屋さんに連れてってもらいまして……『美味しんぼ』の世界でした。〝岡星《おかぼし》〟というよりもあれは海原雄山《かいばらゆうざん》の〝美食《びしょく》倶《く》楽《ら》部《ぶ》〟の方ですな！　お店を出た瞬間に、すぐまた悩みを作って原田さんに相談に来ようと思いました。でも一人だと由美ちゃんにしばかれるので次は二人で。

そんな尊い存在の原田さんですが、先日はその行きつけの仲間のお店でごはんを食べていたリハ終わりのパフィーチームに、原田さんが民生さんたちと食事をしていた焼肉屋さんのカルビ弁当を届けてくれました。ただのリハだったのに！　打ち上げっぽくしてたから！　おなかすかせてたから！　飲食店に食べ物の差し入れって！　ああ優しい。どこまでも尊い。わたしの中で、原田さんに勝るマネージャーは現れないと思っています。と同時に、そんな風になってほしいなーと現マネージャー陣にこっそり伝えたいです。

（２０１５年12月号）

10　本に飢える

近頃は電子書籍なるものも多く出回っておりますが、わたしの周りにはやはり紙の印刷物が好きと言う人が多いです。小説すばるの読者の中にもそんな方は少なくないと思います。かく言うわたしもそんな一人。紙の質感、手触り、匂い、めくるページの程よい速度……挙げればまだ出てきそうですが、わたしは「自分でページをめくるという動作」によって本の進行具合を支配している感じが好きなんです。文字通り、その物語を手中に収めているという事実に支配欲が満たされるのでしょうか。……イヤだわ、支配欲なんてないないない、そんなもん！　……嘘。ちょっとある。

もちろん電子書籍も自分でページをめくる感を大事に作られているとは思いますが、何でしょう、あの次頁《じページ》を視界にチラ見させながらもまだめくってやらないぞっ！　という、謎の勿体《もったい》ぶった遊びをしたくなるあの感じ……。電子書籍のいいところは、スマートフォンやタブレット端末に入れて何冊も持ち運べるってとこですよね。わたしもツアーなどで移動が多いのでその点では電子書籍派であります。が、毎回駅や空港で本屋さんなりキヨスクなりで本をチェックしてしまいます。ってことは、やはり電子書籍じゃ物足りないと思ってるんだろな。しかも電子書籍だと「これ面白いからちょっと読んでみて～！」ができないのがとても痛いです。タブレットごと貸すわけにはいきませんし、買ってもらって好みに合わなかったら、申し訳ないですし。先日、ツアーリハーサルの時にわたしの超オススメ漫画『四月は君の嘘』をドラムの方に貸す約束をしていて、読むのが速いので絶対3冊ぐらいじゃ物足りないだろうと、わたしは全11巻中の1〜5巻までを重たい荷物に加えて空港に行き飛行機の中で渡しました。すると案の定飛行機の中で読み終えてしまったらしく、「ものすごく面白かった！　続き読みたい〜!!」と言われ、いっそ全巻持って来れば良かったと思うと同時に、やっぱこんなやり取りができるのも紙ならではだなぁと思いほっこりしました。

わたしが小さい頃は電子書籍なんかもちろんなかったし、一冊を大事に繰り返し読んでいたので、それこそ紙が擦り切れる感じでした。小学校の頃、うちの父の転勤でソウルに2年半ほど住んだことがあるのですが、その時は日本から来る父の会社の方に週刊少年ジャンプを買ってきてほしいとお願いして、いただいたジャンプを隅から隅まで繰り返し読みました。日本からお客さんが来ない期間は手に入らないので、ポッカリ抜けた期間の内容はわからなくても想像で補いつつ、元気だった登場人物がいきなり死んでたりするので焦りました。そんな飛び飛びのジャンプを後生大事に部屋に並べていたもんです。その頃のソウルには日本の本を売っている神田の古本屋街のような所があり、よく父に連れて行ってもらったものでした。たくさんの本がありましたが、子供のわたしにはイマイチ興味をそそられるものはなく、何ヶ月も前に発行されたファッション誌だったり主婦向けの雑誌だったり、いつのだよってぐらい茶色くなった小説だったり、韓国でもあまり需要がない本達が並んでおりました。その本屋さんの中での売れ筋商品は日本語の勉強をする人のための小学生用の国語の教科書と、西城秀樹《さいじょうひでき》さんの写真集でした。しかも新・御三家時代のヒデキの写真集で、「いま日本に行ってもこのヒデキはいませんよ」と写真集を手にしていたお姉さんたちに言ってやりたかった小学4年生女子でした。そこには漫画の単行本はあまりなく、あったとしても『あさりちゃん』や『ドラえもん』といった読んだことのあるものぐらい。あとはジャンプやマガジンが飛び飛びの号数で売られていたので、自分が持ってるジャンプが何号なのかをメモに書いていって照らし合わせて買ってもらいましたが、当時ソウルで最新号という名のバックナンバーの週刊少年ジャンプを購入すると、日本円で一冊二千円くらいだったので、たまーに一冊買ってもらえる感じでした。貴重、貴重。

　そんな幼少期を過ごしていたわたしは本への興味がクラスの友達よりも遥かにあった気がします。元々うちの母が小説好きなこともあり、学校の図書室や町の図書館で小学生が借りられる「ぽっぺん先生シリーズ」からの次なるステップは、母が「これ面白いと思うんじゃないかなー」と渡してくれた赤川次郎《あかがわじろう》さんの作品でした。本格的な推理小説は謎が入り組んでいて、子供心にめちゃくちゃわくわくしながら読んでました。そして三毛猫ホームズを気に入ったわたしに母が貸してくれたのは仁木悦子《にきえつこ》さんの小説でした。たしか「これも猫でてくるから」と言われた気がします。内容もタイトルも忘れてしまいましたが、アメリカのアクション映画ばっか観てたのに急にフランス映画観ちゃったみたいな「静」を感じた作品でした。静かながらもとても面白かった記憶があります。そして幼稚園の頃から祖父母と共に祖母お手製の白菜のお新香《しんこ》を爪楊枝《つまようじ》で食べながら時代劇を観るのが日課だったわたしは、すんなりと時代物の小説にもハマっていきました。母の薦めにより、池波正太郎《いけなみしようたろう》先生の『鬼平犯科帳』『剣客《けんかく》商売』などを読んで、グルメな池波先生の美味しそうな香り漂う描写に軍鶏鍋《しやもなべ》への想いを馳《は》せ、鬼平こと長谷川平蔵《はせがわへいぞう》を男の中の男と称し、作中に出てくる難しい漢字を母に教わりながら勉強したもののテストには出てこない「猪牙舟《ちよきぶね》」や「盗賊 改 方《とうぞくあらためかた》」「狗《いぬ》」「羽二重餅《はぶたえもち》」等を覚え、ニュースで強盗事件を見ると「急ぎ働きか……」と思う有様でした。もちろんテレビでもどっぷりハマって中村吉右衛《なかむらきちえ》門《もん》さんの大ファンになり、自分のやっていたテレビ番組を利用してお会いしに行ったりして、キュン死寸前でした。ちなみにわたしの初恋の人は杉良太郎《すぎりようたろう》さんです。髷姿《まげすがた》オンリーですが。

小学4年生でソウルに引っ越す以前からそんな感じだったので、わたしも母もソウルでは本に飢えてました。あの頃電子書籍があればすぐ日本の本が読めたのに……しかも定価で。とはいえやはり、お気に入りのものは紙で買ってしまうんだろうな。

3年前の引っ越しの際に、増えすぎてしまった本をなんとかせねばと断腸の思いで整理し処分したんですが、その時も「今はサヨナラだけどすぐ電子書籍で会おうね」と言って別れた本達がいます。そのセリフで自分を納得させていたのかもしれません。でも新しい家では新しい本棚のスペースに新たなる本を買ってしまい、電子書籍で会うつもりだった子達とは「別に待ち合わせしてたわけじゃないし……」とか言いながらちっとも買ってないです。それも心苦しいもので、時折思い出したように、引っ越しの時も処分しないで持っていた『ブラック・ジャック』や『スラムダンク』、『カードキャプターさくら』、『TO-Y』等、エース級の本達を読み返したりして罪滅ぼしをした気分になっています（ちなみに『スラムダンク』は奥田民生さんから借りパクしてるやつです）。本とは不思議とそういう「ちょっとした仲」みたいな付き合いをしてしまいます。どうしてもドライになれないというか、見つめ合うとニヤッとしてしまうような、ムフフな感じです。それはきっと長いこと同じ時間を共有して、隅々まで知っているからなのかしら。しかもドキドキの吊《つ》り橋《ばし》効果も加わりつつの、わたしだけが知ってる気にさせてくれる懐の深さ……あれ？これ何の話してんだろ。

　わたしのスマホやらタブレット端末に入ってる本は今のところ漫画ばっかで、過激な内容のものが多いです。『テラフォーマーズ』や『リバーシブルマン』なんかは、何の気なしに広げて読んでしまおうものなら、年頃の娘の今後に軽くトラウマを与えてしまうんじゃないかと思うので、電子書籍でよかったと思いますが、『俺物語!!』は紙で買えば気軽に娘に読ませてあげられたのになぁと思います。しかも電子書籍は紙の単行本より発売が少し遅いので、最新刊を本屋さんで見かけても買っちゃいけないというジレンマがもう、結構耐え難いです。

紙の本との出会いと愛着心は今より娯楽の少ない時代に生まれたからこそのギフトだと思いますが、時間に追われる社会人として生活している今、幼い頃に本とゆっくり向き合う時間を過ごせて本当に良かったとより一層思います。なかでも小説はすぐに読めるものでもない分、ハマれば大人になっても繰り返し楽しめる最高の娯楽です。読んだことのない本があっても、これから読む楽しみが待ってると思うと、読んでない人達が羨《うらや》ましいくらいです。そう思って娘にも「もっと本を読め！」と言っているんですが、今は読んでも読んでも一生かけても読み終わらないくらいの無料マンガがネットでいくらでも手に入るので、活字の良さに気付くのはもう少し後になりそうで、非常に勿体ないと思っています。吸収力の高い若者のうちに、沢山色んな作品に出会ってほしい。母としてはそう思うのですが、思い返せばわたしの知識もほとんどが漫画の方でした。

（2016年1月号）

11　思ったより長くなる

昔から動物と子供とラーメンは深夜番組の視聴率を取ると言われていますので、わたしもペットの話でも書こうかなと思いました。わたしのペット歴で一番古い記憶はお祭りのひよこを5羽くらい買ってもらって押入れで飼っていたら、数日で全員死なせてしまったという幼稚園ぐらいの出来事です。未だに原因はわかりませんが、それまでペットを飼ったことなど皆無の家庭だったので、いきなりひよこはハードルが高かったんだと思います。それでも動物好きなわたしはモルちゃんと名付けたモルモットも飼いました。いわゆるテンジクネズミです。英語で言うところのギニーピッグです。ギニーピッグといえば、問題作になったホラー映画がありましたね。中学の頃友達の家で観たのを覚えています。調べてみるとこの作品、結構シリーズ化されていて段々と有名な俳優さんが出演してるんですね。主演がピーターさんだったり、わたしの仲良しの竹中直人《たけなかなおと》さんも出てらっしゃる。あら田口《たぐち》トモロヲさんも！　えー、観たい。それはさておき、わたしの飼っていた可愛いモルモットのモルちゃんの話です。モルちゃんは白と茶色と黒の、三毛猫のようなカラーリングで、少し毛先がくるんとしたかわいい子でした。モルちゃんは沢山ごはんを食べ大きくなっていくと共に、だんだんものぐさになり、遠くの餌を取りに行くのに歩きもせず上半身だけ伸ばして食べに行くようになりました。その時、想像以上に長めに伸びたモルモットを見て、幼い亜美は思いました。「きもちわるっ！」と……。悲しいことにモルちゃんとの最新とも言える記憶がそれです。それ以来モルモットとは思ったより長くなる生き物として認識しています。でもふれあい動物園とか行くと可愛くてついモルちゃんのことを思い出して触ってしまいます。そのモルちゃんとはどういう別れをしたのかは覚えてませんが、ある日大貫家にセンセーショナルなオシャレ生き物、真っ白い子犬がやってきました。どこからどうやって入手したのか、父が小脇に白い子犬を抱え、家の車に羽ぼうきをシャッシャとしているシーンがその子犬との最古の記憶です。その子犬、犬種はトイプードル。たしかその頃の大貫家はオシャレとは言い難い、昭和のリアルが詰まってるような団地に住んでいて、ペット可の物件じゃなかったと思います。でもあんなに堂々と団地の前で小脇に抱えてたから……可だったのかな……「可」っていうか「黙」な気がする。ペット黙の物件。無いか。そこはわたしも幼き頃ということでふんわりさせていただいて、その白い子犬はなんとなく「パピー」という名前が付きました。子犬なのでパピー。きっと西洋かぶれの父が名付けたんだという気がしてきました。明日実家に確認の電話します。

当時テレビでは『フランダースの犬』や『名犬ジョリィ』『刑事犬カール』『ベンジー』、そして映画では『南極物語』『名犬ラッシー』がお茶の間を席巻《せっけん》し、ちょっとイイなと思う主人公のパートナーはだいたい犬と相場が決まっていたように思えました。そんな先入観たっぷりで過ごしていた子供の目の前に、真っ白で可愛い子犬が来たら……まず最初にやることといったら「乗る」です。もちろんやりました。めっちゃ吠《ほ》えられました。ビビりました。何故ならテレビで見るワンちゃん達はそんな大きな声出さないもの。それでもめげずに次のミッションに向かうのが、アホな子供です。お次は憧れの「犬枕」。これは未だに憧れます。ワンちゃんの大きくてふわっふわなお腹に頭を乗っけて眠れば、さぞスヤスヤと安眠できるだろうと……。もちろんやりました。当然寝ている犬を枕にしたのでびっくりしたらしく、めちゃくちゃ吠えられました。「ガウガウガウガウガウガウッッ!!」……そこには同じくびっくりして両手足と頭を宙に浮かせて仰向《あおむ》けになってるアホな子供がいました。犬の気持ちに例えたら完全服従のポーズのアレです。パピーも子犬、わたしも子供、共に成長していこうぞ、と思ったわたしは、父にトイレのしつけをされてるパピーを気の毒に思い、ささみを湯がいて細かく割いている母の姿に「熱くないのかい?」と思い、パピーの目やにを取ってやってる祖母の指に付いた目やにの行方を気にして、ただパピーを自分の都合のいい時だけ可愛がってました。猫の総柄のネグリジェを着て。

パピーは当時一緒に住んでいた祖母に懐《なつ》いていたイメージが強かったので、あまりにもわたしに懐かない時は「あれはおばあちゃんの犬だからしょうがない」と自分に言い聞かせたものでした。この時から自分の気持ちに保険をかけるようになりました。そんな夏のある日、学校から帰るとノースリーブの涼しげなシャツを着た祖母の二の腕に、えぐられたようなへこんだ傷の真ん中に赤黒い血の塊が固まっているのを見つけました。「おばあちゃんどうしたのこれっ⁉」と聞くと祖母は「うん、パピーにちょっと嚙《か》まれたんだ」と優しい口調で答えました。さすがおばあちゃんぐらいになるとあの傷なんてたいしたことないのか……とアホな子供は思いました。そんな悪い子ちゃんのパピーは、父の知り合いのプードルにお嫁に行くことになり、しばらくすると、記憶の中のパピーよりもっと小さい白い子犬が再び家にやってきたのです。

「パピー」の子供だから……ぱ、ぴ、ぷ、ぺ、ぽ……ぽが付く名前がいい！と、多分わたしが言ったので、パピーの赤ちゃんは「ポリー」と名付けられました。ポリーはパピーのようにプードルらしいカットをせず、モサモサのぬいぐるみのようにしていたので、それはそれは可愛らしかったです。犬を飼うのも2匹目となった大貫家は、扱いにも慣れ、休日ともなると決まって西洋かぶれの父がポリーを小脇に抱えて車を磨いて、みんなでうまいこと可愛がってました。今思えばパピーの時はわたしも小さかったし、可愛がり方もよくわからないまま、吠えられ嚙まれ、共に成長するも何も相手は小型犬のままだし、いつまで経っても乗せてくれないし枕にもなってくれなかったことを恨みつつ、申し訳なかったなぁと思ってました。そこにポリーがやってきてくれて、モサモサで白くて、ぱっと見は「名犬ジョリィ」の幼少期そっくりだったので、やっぱり考えました。「ポリーなら犬枕してくれる！」と。そしてそのうちジョリィ（ピレネー犬）ぐらい大きくなって、遅刻しそうな時学校まで乗せてってくれるはずだと。子供ってアホですね。しかし、誤解を恐れず言わせていただくと、メディアも如何《いかが》なものかと思います。アニメだからってちょっとリアルに犬枕シーンとか、『犬夜叉《いぬやしゃ》』の雲母《きらら》に乗るとか、現実とごっちゃになってるわたしのようなファンタジードリーマーがきっと大勢いるはずです！　しかもアニメならまだしも、日本の家屋内ではおおよそ飼いづらいあんな大きくて利口で可愛い、ジョリィ（ピレネー犬）やベートーベン（セントバーナード）やラッシー（コリー）や、タロ＆ジロ（樺太犬《からふといぬ》）やらを実写で出すなんて！　でも一人だけいたんです。家に遊びに行ったらラッシーと同じコリー犬を家の中で飼ってて、ソファーぐらいの大きさで、ソファーに寝そべるもんだからわたしをソファーの下に座らせたっていう友達が。しかも団地で飼ってました。そして『南極物語』で涙し、『動物のお医者さん』という大ヒット漫画を読んだ直後の中学生のわたしには樺太犬みたいなシベリアンハスキーを2匹飼ってる友達もいたので、お散歩させてもらいに行きました。すっかり大人のハスキー犬は、リードというか手綱《たづな》を飼い主でもないわたしに持たれて、示し合わせたように一気に外に出ようとしました。「誰だこいつ！　やったれ！」という声が聞こえた気がした次の瞬間、わたしは左右の手に1匹、いや1頭ずつハスキー犬の手綱を摑んでいたので、もちろん引きずられ、膝から流血し、飼い主が止めてくれなかったらそのまま市中引き回しの刑にされていたところでした。力が強いなんてもんじゃなかった……。腕ごと持っていかれると思いました。

　ちなみに当時のわたしは学校にも遊びに行くにも両親に買ってもらった『ポケット犬図鑑』を肌身離さず持って行き、暇さえあれば眺めてました。パピー（トイプードル）が載ってるから買ってもらったんだと思います。あ、『ポケット犬図鑑』の「ポケット」は

「小さい犬の図鑑」じゃなくて「ポケットサイズの図鑑」ってことです！　前に由美ちゃんとマネージャーさんにこの話をしたら小さい犬ばっか載ってると思われましたので。

今回は思った以上に犬の話に熱くなりましたが、これだけ書いておいて、わたし特に犬派ってわけじゃないんです。この後、ハムスターとかシマリスとか、ウサギとか猫とかウーパールーパーとかカメを飼うんです。その辺の話は泣いちゃうからまた次回。ちなみにパピーとポリーとの別れは、パピーが嫁入り先に気に入られそのまま嫁いだ（と、聞かされています）のと、ポリーは大貫家が韓国はソウルに移住するにあたり、父の知り合いのおうちに貰《もら》っていただいたという悲しい別れでした。幼いわたしはポリーがジョリィぐらいになるのを見届けられない気持ちを、ただひたすらにポケット犬図鑑を読むことにぶつけ、ソウルでポリーのことを思い出しておりました。猫の総柄のネグリジェを着て。

（2016年2月号）

12　まるふわフェチ

前回のペットのお話が、なんと編集長にもご好評ということを担当編集者の野田《のだ》さんから聞き、有頂天になりながら続きを書こうか出し惜しもうか、悩んでいる次第です。さて、悩むこと3分。フルーツの詰まったゼリーを食べている間に決まりました。続きを書くことにします。だって、編集長の熱がさめないうちに、媚《こ》びてゆきたい。今年20周年を迎えたパフィーの目標は「華麗なる癒着」ですから。あら素敵。ミステリー小説のタイトルみたい。映画化されるタイプのやつ。

さて、わたしのペット遍歴を繙《ひもと》いた前回では、お祭りのひよこに始まり、モルモットのモルちゃん、流行を先取っていたトイプードル親子のパピーとポリー、そして西洋かぶれの父を紹介させていただきました。あ、父はペットじゃないですね。気になる方はバックナンバーをご覧くださいね。

そんな楽しげな前回の「たぬ見」では犬のお話がメインでした。そこでよく世間で聞くしょーもない話題「亜美派？　由美派？」のさらに上を行く「犬派？　猫派？」を問われると、正直「ウサギ派」なもんで何とも答えが出ないんですが、どっちも大好きです。というか、わたし可愛いものが大好きなんです。世間一般でいう可愛いとはズレもあるかと思いますが、わたし自身がキュン！　となる可愛いものに目がないのです。とはいえこだわりもちゃんとございます。人間の子供も子供だからといって全員可愛いと思うわけでもなく……というような内容のことを、ちっちゃい子大好きな娘小狸に言ったら、「え……」って青ざめてました。顔に縦線ってやつですね。

それはさておき、わたしのこだわり、それはズバリ言って「丸」と「ふわふわ」です。これはもう小さい頃からずっと変わらず、とにかく丸いものとふわふわのものが大好きなんです。ウサギが好きなのもこの両方を兼ね備えているからだと思います。丸いものは気持ちが和み、ふわふわのものは触った時の指と指の間をそよぐ柔らかな毛が、全ての人を「西田敏行《にしだとしゆき》スマイル」にさせるのです。そんなわたしのウサギ愛を少し語らせていただくと、一番古い記憶では、未だに「大事なもの入れ」に入れてある、母からもらった赤いウサギの形の爪切りです。まだ自分で切れない時期にもらったので、相当小さい頃かと思います。今はもっと高性能のよく切れる爪切りを使っていますが、そのウサギの口に爪切りの歯がついていて、耳の部分を押すと爪が切れる仕組みになっております。もちろん爪切りなのでふわついてはいませんが、なんだかとても可愛らしいデザインで、一番古い思い出の品物として大事にしています。

前回からのペットの話に戻りますが、父の転勤で行った韓国・ソウルから戻ったわたしは中学生になり、日本で社会問題になっているといういじめの標的にならないよう過剰におとなしくしていたら、映画『ギニーピッグ』を観るような仲間と出会ってしまうのでした（前回参照）。

誰にも好かれなくていい、せめて嫌われないように過ごしたい中学生のわたしは、学校ではおとなしく、家に帰っては『特攻野郎Aチーム』を観ては冒頭の口上をメモって覚え、『冒険野郎マクガイバー』を観てはいつか訪れるであろうピンチに立ち向かう術《すべ》を学ぶという厨二病《ちゅうにびょう》にかかり、読み返す漫画がなくなったら手芸をするという眼鏡《めがね》っ娘《こ》になりました。そんなヤバめの眼鏡っ娘のあたりから、コツコツとウサギのものを集めていたのですが、きっとあの爪切りがきっかけになってたんだと思います。わたしのウサギ好きは親戚のおじさんたちにも伝わっていて、どこかに行ったお土産はウサギのものを買ってきてくれるまでになりました。高校生になり古着屋さんに行くようになると、服の傍《かたわ》らで売っているヴィンテージのおもちゃにウサギのものを見つけたり、雑貨屋さんでウサギのモチーフのものを探すようになり……ウサギ愛がどんどん強くなっていったのです。そして先述した通り、丸くてふわふわなものが好きなわたしは、ちょうどその頃中型二輪免許を取得し、バイクでペットショップに何らかのまるふわを見に行ってました。ウサギ、モルモット、犬、猫、モモンガ、インコ、十姉妹《じゅうしまつ》……ああ癒される。バイクに乗ってペットショップをハシゴしては、見ているだけで満足してあったかい気持ちになって帰るという、経済的な子供だったと思います。

ちなみに鳥はダントツですずめが好きです！　あの枝の上で休んでる時の丸くなってる感じがもうたまりません！　小学生の頃、おばあちゃんの家で居間の窓からすずめがバタバタバタバタッと入ってきて、あちこちぶつかりながらワーワーしてたら、おばあちゃんがいきなりワシッと飛行中のすずめを捕まえたのが一番強烈な思い出です……。まさに、ジャッキー映画などでお箸でハエを捕まえるアレでした。おばあちゃんて、やっぱママの上を行くんだなと思いました。わたしもいつか飛んでいるすずめをホワッと捕まえてみたいという夢が「犬枕」同様捨てきれてません。

父のソウル勤務も終わりソウルから戻って、しばらくはペットを飼っていない状態が続いたのですが、ペットと呼んでよいものか、父のお魚ブームが到来しました。初めは熱帯魚に手を出し、綺麗でお安いネオンテトラなる赤と青のラインが入っためんこい小魚から。そして知り合いの方にいただいたという、1匹ウン千円もする高級魚ディスカスを2匹ほど飼い、水草やら底に敷く砂利だか砂だかにこだわり、毎日本当に可愛がってました。父が。もちろん、まるふわでもない――お魚なんてわたしの食指はピクリとも動きませんのでお世話に関しては全くノータッチでございます。ですからディスカスがかなり早い段階で星になっても、わたしのせいではございません！　……という感じで、熱帯魚の飼育が思ったより難しいということがわかったのかわかってないのか、父はとても楽しかったらしく、次に海水魚の飼育を始めるのでした……。海水魚は海のお魚をお部屋の中で飼育するので、海の水を水道水から作る作業から始まります。熱帯魚は水道水を1日置いてカルキ抜きをする時代だったので楽そうに見えましたが、どっちも水槽の内側には苔《こけ》やフンがこびりつき、タニシみたいのも出てくるので掃除をしなくちゃいけないのに、西洋かぶれの父は水槽を2台並べて、熱帯魚と海水魚を飼いだしたのです。

海水魚の水槽には黒いボディーに白い点が三つのミツボシクロスズメダイや、その名の通りのコバルトブルー、チョウチョウウオ、クマノミ、ナンヨウハギ、綺麗な色のイソギンチャク……とても華やかでした。綺麗なお魚は数あれど、ずっと眺めていたいほどの丸いのもいないし、触って楽しむわけにもいかない観賞魚に、わたしは全く興味の欠片《かけら》も持てなかったのですが、父に付き合ってしょっちゅう観賞魚屋さんに行ってました。そこで唯一、「これだ！　欲しい！」と思うお魚に出会えたのです。その名もイヌフグ。そう、顔が犬なんです。フグのくせに。鼻の周りというか口の周りが黒くて、パグ犬のようなカラーリングで。こいつがめちゃくちゃ可愛くて、これなら飼っていいよ！　と父に言うと、「いや亜美これお前……フグだぞ」と。さすが親。わたしが何を欲しているのか、瞬時に弾《はじ》きだしました。父にそう言われわたしも即座に、「自分の欲しいものは丸くてふわふわしたもの！」と思い出し、イヌフグはフグにして犬にあらずという結論に至りました。

そしてほどなくしてわたしは、ものすごくふわふわでまんまるの1匹のウサギと出会うのでした。このウサギによって、かつてわたしの中には全くなかった感情や味わったことのない気持ちを知ることになるのです。しかし今回はここまで。まだ猫の話もカメの話もあるのにスペースが足りないや。また好評を博したら続きを書きたいと思います。猫の話はすごいのでお楽しみに！

（2016年3月号）

13　ウサギ大好き倶楽部

さっきまで「眠うて眠うてしゃあないわぁ」と思っていた東京出身の亜美ですが、最近机に向かって作業している時のお供「濃い醬油味《しょうゆあじ》」というおせんべいを食べた瞬間から、パッキーン！　と目が覚めましたでございます。この調子でおにぎりとか食べちゃいそうです。おなか減ってんのかしら。

わたしのペット遍歴が明かされるにつれ、幼少期の亜美が友達とどっか行って遊んだとかいうエピソードが全く出てこないあたり、やはりこの当時から明るい子ではなかったんだなと再確認させられました……。自分で子育てを経験してみて、ふと思う「こんな子供ちょっとイヤ」感が、こうして自分の過去を振り返った時に一層リアルになってきたことをお伝えしたいです。我が子がこんなじゃなくてほんとよかったです。今こそ母に謝りたい……かーちゃん、ごめんね。

祖父母と白菜のお新香を食べながらお茶をすすり、時代劇を観て杉良太郎サマにハマり、お友達と遊ぶこともなく、一人で芝生を側転で横断するという子供時代を送ったわたしは、前回でも触れた通り、ウサギ愛の塊でした。ウサギに関してはあの丸いフォルム、常にフンフンと動いている口元、そしてなんと言ってもあの手触りが最高に好きであります。あのふわふわ感は一体何なんでしょう。わたしの中のどの部分がこんなにもあのふわふわに心酔させるのか。もしや前世と関係が？　と考えたところ、前世のちょっと手前に心当たりがありました。わたしの時代劇仲間でもあり、オリジナルなぞなぞの出題者としてもわたしと母に大人気だった祖父のヒロシが、家でいつも着用していたのがウサギの毛のベストでした。わたしは時代劇を観る時、常に祖父ヒロシの傍らに座り、右手は爪楊枝に刺した白菜を、そして左手は常にヒロシのベストを触っていたと思います。そのベストはいわゆるお洒落《しゃれ》なベストとかジレの類ではなく、マタギが着ているようなやつを想像していただけるとわかりやすいかと思います。ちなみにヒロシはマタギでもないし、そんなワイルドさも持ち合わせていないヒョロリとした眼鏡っ子で、戦争の時はド近眼すぎて兵隊の試験に落ちたというエピソードの持ち主です。とても優しい印象の祖父ヒロシですが、本当に優しかったかどうかはイマイチよく覚えてません。というのも、東北出身のヒロシ、めちゃくちゃなまってたんです。子供に理解できるレベルを優に超えてた為、もしかしたら怒られてたのかもしれないけど全く伝わってこなかったので、わたしにとっては優しいおじーちゃんでした。そんな神レベルのズーズー弁を巧みに操るヒロシですが、時折、事もあろうに電話をかけてくるんです。しかも亜美指名で。わたしだって小さいなりに都合があるんです。フェルトでお人形を作ってたりお絵描きしてたり忙しいのに。しかしヒロシは暇なのでおかまいなしに電話をしてきて、母に「亜美に代われ」と言うんです。「もしもし、あみだよ。なぁに？」と聞くと、受話器の向こうからはザーザーモゴモゴ聞こえるばかり。幼いわたしは「ママ〜、何かわかんない」と母に受話器を渡すと母は「うんうん」と相槌《あいづち》を打ち、「あのね、おじいちゃんが新しいなぞなぞだって。えっと、トラとアリが戦いました。どっちが勝ったでしょう？　だって」……さすがヒロシの娘。わたしには電話の混線にしか聞こえなかったヒロシとの通話をいとも簡単にこなしているではないか。しかもそのなぞなぞの雑さったら……。幼いわたしは「えー！　そんなのトラに決まってるじゃん！」と言うとヒロシの娘は「父さん、聞こえた？　亜美がトラだって。うん……え？　わかった。亜美〜、おじいちゃんから、ブブー！　ハズレ！　だって！」と言ってきたのです。そしてショックを受けている小さなわたしに追い打ちをかけるように「何故なら、アリも大群で向かってってったらトラに勝つからでーす！　だって」とドヤったヒロシの代弁をしてきた母でした。幼心に納得のいかないなぞなぞを出題され、いつかあのベストを奪ってやると思いました。

そしてこの原稿を書きながら事実確認の為、母にメールをしていたら新事実発見。ヒロシのド近眼の原因は暗い所で勉強をしすぎたからだそうです。神童と言われたほど勉強がよくできたらしく、60歳を過ぎてから国家資格を12コぐらい取得していたそう。初耳でした。ヒロシすげー！　でもなぞなぞはあのクオリティ。

そんなヒロシのウサギのベストに始まった亜美のふわふわフェチ。高校卒業後、いよいよウサギを飼うことになるのですが、高校生の頃中型二輪の免許を取った友達も少なく動物好きなわたしは、よく一人でペットショップにバイクで遊びに行くのでした。バイクでそんな所に行く客なんて100%買う気ないのが丸わかりなので、店員さんにも相手にされず、人見知りにはそれが心地よかったのです。そんなふうに、色んなペットショップ回りを繰り返していたところ、ある日衝撃の出会いをしたのです。わたしの通っていた高校からほど近い、比較的新しい綺麗なペットショップに、ものっすごいほわっほわな物体がガラスケースの中でプルプル震えていたのです。ほわっほわの毛先がふるふると小刻みに揺れ、薄いグレーの球体に毛が生えたようなその丸い生き物に目を奪われたのです！　よく見てみると真っ黒な瞳を潤ませ、何なのこれ？　ってぐらい短い耳をした、ウサギのようなねずみのような、この世のものとは思えないほど愛くるしい生き物が誰とも目を合わせず鎮座しておられました。ガラスケースには「ネザーランドドワーフ」と書かれ、その横には「大きくなりません！」という生物界の禁忌を犯したのではないかと思われるような不思議ワードが書いてありました。当時は「ティーカッププードル」なんていなかったので、「ど、どういうこと?」と思いながら、謎の生物「ネザーランドドワーフ」と対峙《たいじ》すること一時間。一挙手一投足、どの角度から見ても可憐《かれん》で抜群の可愛さでした。これでもかというくらいの後ろ髪を引かれる思いで帰路につき、いつでも冗談にできるような保険をかけながら母にペットを飼うことの探りを入れ、ぼーっと過ごした数時間。考えるのはあの子のことばかり。あんな可愛い子、二度と会えないかもしれない。あんなに可愛いんだから、他の人がそう思わないわけがない。でもあの子の人生をわたしなんかが背負ってしまっていいのだろうか。しかもバイトの学生身分のわたしが買うには、ネザーランドドワーフという生物は高価すぎる。その対価に見合うほどの生活をさせてあげられるんだろうか。などと色々考え、まずは本屋さんにネザーランドドワーフとは何ぞやという本を探しに行ったのでした。パソコンもスマホもない時代って……古めの人間だと再確認。そして「ネザーランドドワーフ」とはいわゆる学校で飼育されているようなミニウサギとはまた別で、オランダで更に小型に改良されたウサギだということが判明。短い耳が特徴。なるほどと思い、飼いたい気持ちは更に募るばかり。それまであまりやんちゃなことをする子供ではなかったわたしですが、何を思ったか『ウサギの飼い方』という本を買っておりました。そして寝ても覚めてもペットショップで見た薄いグレーのネザーランドドワーフのことを考え、独占したい欲に駆られ、気持ちを鎮める為にもう一度会いに行くことにしました。あまりの可愛らしさにしばらく直視できないままでしたが、その時ふと目に入ったのが、以前は気付かなかった首元のこんもりとした真っ白いファー。ウサギなのでファーと言えば全部ファーなんですが、イラストで描かれる場合に誇張される首元の毛足の長いアレです。薄いグレーのボディーに首元の白いアレ……まさにバックスバニーのようでした。こんなアニメから出てきたような可愛い子とはもう二度と会えないかもしれない！　と思った次の瞬間、引き取りの手続きをしてました。穴の開いたケーキの箱のような紙のケースに入れられたネザーランドドワーフちゃんは、音を立てることもなく、箱の中でただひたすら鼻をピクピクフガフガ動かしているだけで、自分の身に何が起こっているか全くわかっていないご様子。そんなピュアなかわいこちゃんを箱に入れたまま連れて帰るなんてできない！　……と思ったわたしは、手続きを済ませてネザーランドドワーフちゃんを箱から取り出し、着ていたライダースのジッパーを下ろし、そっとおなかに入れてバイクで連れ去ったのでした。ネザーランドドワーフちゃんには急激な環境の変化の中で、少しでも安心してもらおうと考えた上でのことでしたが、人の温かいぬくもりでぬくぬくしたせいか、信号待ちでそっとライダースの中を覗《のぞ》いてみると、鼻は相変わらずピクついているものの、目を閉じてウトウトしているのが見えて、家に着くまでの間、赤信号の度にキューン！　とするのでした。

（2016年4月号）

14　その名はチョビン

突然ですが、わたしは今ハワイにいます。ワイキキビーチ沿いのホテルの部屋の、バルコニーの窓からはいってくる心地よい風にゆらゆらと揺れるカーテン。そして小さく聞こえる波の音を聞きながらこの原稿を書いて……書いて……書いてるのに後ろで娘小狸がモンスターハンターを結構な音を出してカチャカチャやってるので、気になって一向にブーセレ感が味わえません。しかも時差ぼけのため睡魔が襲ってきてウトウトしそうなので、最近机に向かって作業している時のお供「二度づけ正油せん」というお煎餅を食べることにしました。

前回、ペットショップを散々ウロついた挙句《あげく》、大きくならないと謳《うた》われたウサギ——「ネザーランドドワーフ」を購入しバイクで家に連れて帰った亜美。マジシャンのようにライダースジャケットの中からウサギを出してみせたところ、亜美母は「うわ!! あんた、本当に買ったの!?」と驚いておりました……というところから今回のお話になります。わたしにしては珍しく行動的だったので、両親も驚き、そして何よりも大きくなるウサギしか見たことのない世代にとって、ネザーランドドワーフという耳の短いまん丸いウサギなんぞ見たことも聞いたこともないし、名前もなんのこっちゃわからん生き物なのにもかかわらず、ただ単純にめちゃくちゃ可愛いという事実だけを受け入れ、両親もわたし同様とても可愛がってくれました。そしてケージやらおトイレシートやら餌やらも一通り揃えて、大切に大切に触れ合っていきました。

ところが、ウサギを飼うのは初めてだったので、ペットショップで教わっただっこの仕方でだっこをしても嫌がってすぐ足をバタつかせて降りようとするし、他の動物のように声を出すこともない為コミュニケーションがうまく取れず、人間だけならまだしもウサギともコミュ力が問われるのか、と自分の能力不足を呪ったもんでした。しかし、ナウシカもテトをユパ様から譲り受けた時、噛まれても慌てずにその小さき魂を受け入れたからこそ信頼関係が生まれていたので、わたしもここは忍耐！　と思ってお世話をすることを心に誓い、厨二病全開で臨みました。

さて、まずは名前を決めなきゃいけないので、一人で色々考えました。完全に自分一人で選んで連れてきたこともあり、「この子はわたしの子！　わたしが幸せにしてあげなきゃ」という母性も目覚めて、付ける名前に意味合いを込め始めました。熟慮に熟慮を重ねた結果……永遠の厨二病の自称ウサギのお母さんは、まるふわなかわいこちゃんを「チョビン」と名付けましたとさ。

何故チョビンかというと、小さい頃に観ていた『星の子チョビン』というアニメにあやかってです。主人公のチョビンは悪者から逃れようと自分の星からお母さんと脱出する際に、お母さんと生き別れになってしまうというバックグラウンドを持つ妖精？　のような、鞠《まり》のような体の、あしたのジョーみたいな髪型の、なんか、変な形態の、見たこともない生き物で、可愛いかっていう話になると、やっぱりそこはあんまり……で、昭和のアニメなのでそっとしといてほしいわけで、でも一応石《いし》ノ森《もり》章太郎《しょうたろう》先生なわけで、とにかくやたらと感動するんです！　特にわたしが注目したのはそのバックグラウンドです。わたしは昔からペットショップが大好きでよく行ってたんです。でもその度に、どのペットもとても高価で、子供心に「気軽に買える命なんてないんだからしょうがない」と思ってました。しかもそれはペットショップに支払うわけで、大変な思いをして子供を産んだお母さんに渡るお金ではなくて……なんて考えたら、なんとなーく嫌で。それが商売というものであり、需要があって供給があるということも後に知るわけですが、わかっちゃいるけどなんとなーく嫌で。そんな気持ちだったわたしはウサギのことを「わたしが連れてきたばっかりにお母さんと引き離してしまった」ように思ってしまい、自分を「いつしかチョビンが捜し当てたお母さん」と思ってもらえるように、まるふわうさちゃんにチョビンと名付けました。

　それからというもの、チョビンの写真を撮りまくるもデジタルカメラなんてないご時世ですからほとんどピンボケ。しかもまだ赤ちゃんだからと思ってフラッシュを焚《た》いたらいけないと気を遣い、やはりピンボケで薄暗い。写真に関しては後悔しかないチョビンの幼少期です。もっとちゃんとした知識があったら、多少バイトを増やしてでもデジカメを買っておいたのに。

ウサギを飼って初めて知ったことの一つに、ウサギって放っておくと爪が伸びるからカットする必要があるということです。なので、伸びてきたなって時にペットショップに行って爪を切ってもらいます。他の動物もそうかもしれませんが、ウサギは爪の中に血管が通っていて、素人が切ろうもんならうっかり血管を傷つけて出血させてしまうこともあるのです。実際わたしもやりました。あの時の自分のパニックぶりが怖くて、それ以来ウサギ用の爪切りを自分で使うことは封印してペットショップまでカットしてもらいに行くようにしました。ある日、爪のカットを終えた後、ペットショップの店員のお姉さんが「歯はどうしますか？」と聞いてきました。「歯？　どういうことですか？」と聞き返すと、「自分で削れてればいいんですけど、短くしてあげたほうが食べやすいですから」と。歯を削る？　ウサギが？　と不思議がいっぱいのわたしでしたが、詳しく聞いてみるとウサギやリスのような動物は放っておくと歯が伸びっぱなしになってしまうので、硬い木の実や木をかじって歯を削っているのだそうです。これもウサギを飼うまで知らなかったことでした。チョビンの歯は削ったほうが良いかをジャッジできないので、お姉さんに見てもらうことにしたら、チョビンの口をキュッと開けたお姉さんが一言「あーこの子、不正咬《こう》合《ごう》ですね」と言ったのです。「え？　フセイコウゴウ？　何ですかそれ」。更に不思議がいっぱいになって、お姉さんの手元をのぞき込んだわたしが見たのは、下の二本の歯が前歯より前に出て生えていた、可愛い可愛いしゃくれたチョビンでした……！　お姉さんによると、別に体に悪いもんじゃないし、ちょっと食べづらいかもしれないからマメに歯を削りに来てくれればいいよとのことなので、母心としては安心しつつも、一目惚《ひとめぼ》れした身としてはまさかウサギなのにしゃくれてるとは思わず……面白すぎて愛《いと》おしさ全開になりました。

チョビンと一緒に公園でおさんぽしようと、ウサギ用のリードを買ってきて装着するもガッチガチに固まってピクリとも動かなかったり、相変わらずだっこしてもすぐ逃げられたり、壁や床のへりやコードをかじったり、おトイレをなかなか覚えず棚の裏のような気付きにくいところで粗相して床を変色させてしまったり……と、チョビンもコミュ力低めで一向に仲良くなれませんでしたが、呼べばなんとなーく来るようになりましたし、なんといってもしゃくれてるとはいえ抜群のルックスだったので、もうベタ惚れでした。色んなネザーランドドワーフの洋書を買い漁ってはチョビンと見比べて「うん、チョビンの方が可愛い」と満足してました。

そんな日々を二年ほど過ごし、わたしもパフィーの仕事がだんだん忙しくなり、実家を離れ初めての一人暮らしを試験的にしていた頃、実家で母に面倒を見てもらってるチョビンに思いを馳せながらもなかなか会いに行けず、夜遅くまで仕事をしていたある日のこと。母から留守番電話が入っていて、仕事終わりでメッセージを再生したところ、涙声の母が「亜美……電話ください。ごめんね……」と言っていたので、一気に心臓が痛くなり、そのままタクシーに乗って当時川崎にあった実家に飛んで行く途中で母に電話しました。「どうした何があった!?　今向かってる！」と言うと母が「チョビンがね……今日ずっと元気なくて、病院も二軒行ったんだけどね……やっぱりダメで……」と言うので、最後まで聞きたくなかったわたしは「とりあえず行くから！」と言って電話を切り、何も聞いてないからまだ泣く時じゃないと思いながらタクシーの中でボロボロ涙をこぼし、運転手さんにめちゃくちゃ心配され実家に着きました。玄関のドアを開けると、実家で見慣れたタオルをかけられたチョビンが横たわっていて、それを見た瞬間、わたしは自分がおかしくなっちゃったんじゃないかと思ったぐらい、わけのわからない声を上げて、気付いたら泣き崩れてました。その後もどれくらい時間が経っていたのかわからないぐらい、ずっとずっと泣き続け、一生分の涙が出た気がしました。

それまでわたしは身内や身近な人に不幸が多かったので、死というものに比較的多めに直面してきました。なのである程度耐性はできてたんですが、この時が一番泣いたし、自分を見失ったのもこの時が最初で最後でした。はっきりとした理由は、自分でもよくわかりません。でも、今になって思ってみれば、わたしが一目惚れして自分の意志だけで家族に迎えた喜びと、それなのにチョビンのお世話を全《まっと》うできなかったことへの自責、あんなに大好きだったのに一緒にいられなかった最期、不甲斐《ふがい》ない自分、どこにもぶつけられないやるせない気持ち……全てが重くのしかかって頭の中をぐるぐるしてた気がします。

小さい頃から誰かが亡くなると、お棺の横でその方の近しい人に「眠ってるようでしょ。お顔触ってあげて」とよく言われてきて、触っても冷たいのが不自然で忘れられなくなるからちょっと嫌だなぁと子供ながらにずっと思っていました。今までに触ったお顔の感覚同様、あの時のチョビンの手触りも未だに忘れられないのですが、自分の中でのそれは大好きなウサギのふわふわな毛並みとは全く別物に捉えているみたいで、前回のお話に出たうちのおじーちゃんのマタギのようなベストは未だに欲しいし、ファーコートを見ると触ってしまいますが、ウサギはもう二度と飼わないというか飼えない、と思うほどに悲しすぎる別れでした。ちなみに母が病院で聞いた、チョビンが死んでしまった原因ですが……いわゆるフン詰まりだそうです。ウサギは鳴かないから病気に気付いてあげにくいと先生は仰《おっしゃ》ってたらしいんですが、フン詰まりなんて……泣きながら笑ってしまいました。さすがチョビンだなぁ。

（2016年5月号）

15　パフィー20歳の誕生日

おかげさまでパフィーは２０１６年の5月をもちまして20歳の誕生日を迎え、デビュー日の翌日に設定された20周年記念ツアーファイナルを無事終えることができました。20年……生まれた子は成人になり、就職して親御さんに仕送りをしたり、結婚してさらに子供を産んだりしてるぐらいの、とんでもない年月ですよ……。いつの間にパフィーはこんなに育ってしまったんでしょう。おーこわ。とはいえ、最近色々なインタビューを受けたりして「何故こんなに長く続いたんだと思いますか？」という質問に対して「辞めるタイミングを逃しました」と言ってる我々ですが、これはほんとに冗談ではなく、ありがたいことに辞めたいと思うこともなかったし辞めてくれと言われたこともなかったから、普通に呼吸するように生活していたら20年経ってしまったというだけなんです。もちろん全てが順風満帆なパフィー生活だったわけじゃないんですが、二人組の強みなのか二人揃ってアホなのか、たいして励ましあうこともしないまま、「まぁこんな日も……あるある〜！」なんて具合にいつも通りだったことが、かえってよかったのかなと思います。「好きなことしてお金もらえていいよね」なんて友達からも言われる職業ですが、キミもお金もらえるくらい好きなことを頑張ればいいのにと思うわたしですが、実際好きなことばっかじゃねぇぞ、とも言いたい。

パフィーの約束事はお察しの通りそんなに多いものではございません。公言しているものは多分三つぐらいかと思います。一つは「苦労話をしない」というもの。アミユミなりにパフィーに対してのイメージがあるんですが、パフィーたるものポップな存在であってほしいと心のどこかで思っているので、「こんなことがあってそれはもう大変で……」なんてドロドロした話、パフィーから聞きたくないのです。多分、わたしたちのプロデューサーである奥田民生さんがそういう話をあまりしないというのもあるんだと思います。パフィーイズムは奥田イズムですから。と、思っていたら先日とある取材で、20年もやってきたら苦労話の一つや二つ絶対ありますよね！　それ是非聞きたいです！　みたいなインタビューを受けまして、どうにもこうにもグイグイ来られるので、「苦労話をするのは我々の美学に反するので嫌です」とハッキリお断りしました。その様すらカッコ悪いのに。でもね、人の話として、そうは見えない方が実は苦労されてたっていうお話は聞いてて興味深いですものね。それもよくわかっているんですが、やはりパフィーには明るくポップな存在でいてほしいのです。

もう一つの約束事は「どちらかが辞めたいと言ったら、もう一人は何も言わずに賛成する」というやつです。これは結成当初からずっと言ってる気がするんですが、要は「パフィーやってても楽しくないなー」と思ってる人とやってても楽しいわけないので、どっちかが楽しくなくなったら辞めようという結論に至りました。なーのーに、20年。お仕事なのにお仕事とは思えない楽しい瞬間が積み重なって、アミユミのどっちもが楽しくないなんて思わなかったみたいです。確かにお仕事でも私生活でも楽しくないことはチョイチョイやってきますが、わたしは由美ちゃんに会ってくだらない話をしてるだけでめちゃくちゃ面白いのでそれで満足。「こんなことがあってさー」と由美ちゃんに聞いてもらう時もあれば何も言わない時もあるし、わたしに何かあったなって時も由美ちゃんは聞いてこないので、その辺も長続きの秘訣かもしれません。それでも最後に頼るのはお互いだから、その時は全力で助けるって感じかしら。素敵〜！

そしてもう一つ。20年も一緒にいると二人しか知らないことや、これ墓場まで持っていかなきゃ！　って出来事が幾つかあります。そんな、テレビはおろかSNSで匿名ででも言えないことを「どっちかが死んだら残ったほうはそれを暴露して稼いでいい」という約束事です。もちろんどの程度の暴露かはお互いの裁量によりますが、自伝映画にするもヨシ、本を書くもヨシ、ドラマ仕立てにするもヨシ、とりあえず最大限パフィーだったことでお金を産みだそうという企てを生前からしております。映像化する時の役者さんについても自分の役は誰がいいとか話し合ったりして。こんなくだらないことで盛り上がるんですパフィーって。最高〜！

ちなみに、二人で年老いたら「パフィーに会える店　ふわふわスナックPUFFY」とかはやってもいいけど、相談もなく一人で勝手にご本人登場の歌番組に出るのは禁止です。二人揃っててもないな……。理由は特にないです。そしてふわふわスナックをやる頃にはわたしは『ハウルの動く城』の荒地の魔女みたいなルックスで店の奥でインチキ占いをするつもりです。占いはインチキですが、お客さんからの厚い信頼を得るほどの、何かしらの特殊能力が身についてるといいなと思います。由美ちゃんはスナックなのにおばんざいみたいのをこさえて小料理屋さながらにしてほしいです。でも実は調理師免許を持ってなくて、それでもすごく美味しいから繁盛してて、お料理界のブラック・ジャックみたいになってほしいです。

こんな調子でやってきたので、20年はあっという間といえばあっという間。でもやってきたことの内容を考えると、そりゃ20年経つよなーって感じです。本当に人に恵まれて、時代の波に乗って、チビチビと運を使いながらやってこれたと思います。いつか我々の苦労話をすることもあるかもしれませんが、その時は是非どっちかが先立ち残されたほうが監督した映像にして、パフィーの概念を覆すようなドロドロと仄暗《ほのぐら》い作品にしたいと思います。

今回のツアーは20周年記念ということもあり今までにないくらい前倒しで準備を進めてきたので、我々としてはこの20年を余すところなく盛り込んでいきたいと思い、セットリストは今までにリリースしたシングルがリリース順に入っているベストアルバム『非脱力派宣言』の曲順の通りに行いました。ベスト盤には全34曲収録されていて、全曲フルで演奏するとさすがに苦情が来そうなくらい長くなるので、何曲かはメドレー方式にしてみたり、何曲かはアコースティックバージョンにして少し短くしたり、CDとは違う面も色々楽しんでいただけたかと思います。

今回のツアーは20周年記念ということもありますが、我々にとってもう一つ特別な意味を持つものでもありました。昨年のツアーリハ中、突然体調を崩され脳梗塞《のうこうそく》で入院してしまったうちのドラマー川西幸一《かわにしこういち》さんが、長い休養を経て更なるアツい思いを胸に戻ってきてくれた記念すべきツアーでもあるからです。川西さんがパフィーに来てくれてからもう10年近くになると思うんですが、いつでも元気で、いつでもとにかく明るくて、ドラマーというバンドの真ん中のポジションが本当に似合う太陽のような人です。みんなが太陽の周りで好きに演奏したり歌ったりしてる感じです。普段はユニコーンや電大といったバンド活動がメインの川西さんですが、何故か驚くぐらいパフィーに対してプライオリティー高めにやってきてくれるのです。最初はそれがどうも不思議というか、川西さんほどのドラマーなら引く手数多《あまた》だろうに何でそんなに無茶な行程で駆けつけてくれるんだろうと思ってました。でもやっていくうちに、川西さんは本当にパフィーを好きでいてくれて、ご自身がユニコーンを辞めた後、しーたか（古田《ふるた》たかし）さんというベテランドラマーがユニコーン解散まで加入して、その後しーたかさんがパフィーでずっと演奏してくれて、そのしーたかさんの後に自分がパフィーをやってこそ、しーたかさんという大先輩に対しても義理を果たすことになるんじゃないかと考えていたらしいです。そしてパフィーの持つ可能性はまだまだあるし、それを一緒に引き出していきたいとも言ってくれました（これはほんの数日前のツアー打ち上げでの川西さんとの会話です）。

デビューして20年も経って、そのうち半分くらい一緒にやってる人にそんな可能性見出《みいだ》されるなんてもう、どんだけーって話です。そしてそんな川西さんが、先日のツアーファイナルの演奏は「ここ10年の自分の演奏の中でも、今日のライブが一番いいドラムを叩《たた》いた!!」と言ってくれたのです。わたし一瞬で涙が出ました。ここまでパフィーのことを考えてくれてたことも、あんな大病を患ってなお以前を上回るパフォーマンスができるまでに復活してくれたことも、それがパフィーのステージだったことも全部が嬉しすぎました。こんな恵まれた20周年を迎えられるなんて思ってもみなかった。

今年いっぱいは20周年をいいことに、年末まで調子に乗ったまま走り抜けようと思ってます。特にライブは笑い崩れることが多々有るくらい楽しいので、是非一度足を運んでみてください。夏フェスやイベントも色々出ますが、ワンマンぐらいゆったりしてるほうが楽しさ共有できると思う〜けどもうどこでもいいや。来て〜。

(2016年7月号)

16　台湾で会いましょう

絵の原稿を描くとき、あまり何も考えなくていいので動画を観ます。最近はもっぱら「クレイジージャーニー」です。いやぁ、面白い。世界中の危険地帯やマニアックな建造物探訪、少数民族に密着したり、海中生物を追い求めたりと、それぞれのスペシャリストが記者となって取材してくれるので、タレントがスタッフに言われて大袈裟なリアクションで進行していく「用意された旅」とは違って、全く安心感のない旅を、危険を承知で自ら好んで、時には自腹でドローンを購入してまで撮影に行ってくれるという、制作サイドからしたらお得感満載、ヤバさ満点の番組です。番組MCはダウンタウン松本《まつもと》さん、小池《こいけ》栄子《えいこ》さん、バナナマン設楽《したら》さんという豪華な布陣。あのお三方っていうのもまた安心感があっていいですね。

そして「小説すばる」の原稿を書くときは、考えることが多いので音楽を聴きます。この場合曲のチョイスが非常に難しく、毎回書き始める前に時間がかかってしまいます。気分を上げるとかそんな高尚なことを求めてはいないのですが、まずは日本語じゃないことが条件としては一番大きいです。文章を考えてる時に日本語が聞こえてくると知らないうちに影響されてしまって、結局何が言いたいのかがわからなくなるのです。というわけで必然的に洋楽になるんですが、歌詞を覚えてるほど好きな曲じゃいけないんです。なぜなら歌詞が頭の中に出てきちゃって考え事がはかどらないから……。なので、歌詞を覚えてるほどじゃないけどすごく好きで、明るくてノリがいいと最高です。いい曲だけど静か！とかだと、絶対的に原稿書きながら寝ちゃうんです……って言ってるそばから寝る呼吸になっております。ちなみに今日の原稿のお供はランシドです。ティムかっこいい！

　この原稿を書く数日前に、台湾から帰ってまいりました。もちろんお仕事で、若干ハードな2泊3日の旅でした。今回、台湾に行った目的は、9月から始まるパフィーの20周年記念ツアー後半戦に、台湾のライブも組み込まれていることもあり、そのプロモーションも兼ねて、「HITO MUSIC AWARDS」という、台湾で今人気のアーティストが競うグラミー賞のようなレコード大賞のような、とても素敵な授賞式のプレゼンターをアミユミが務めるという、華やかで尊いお仕事でした。しかしその授賞式の前に怒濤《どとう》の取材の嵐です。これは気合を入れねば最後まで持たん……ということで、朝も早《は》よからメイクをしてもらい、ルームサービスの朝食を取るもタイミングが合わず冷たいスープをすすり、新聞・雑誌・ウェブの取材を立て続けに受けました。そして中国語、英語、日本語で挨拶をしてたくさん質問を受けたり、9月の台湾ライブの見どころ等をお話ししたんですが、一番困った質問が「今回台湾に来てどこが一番楽しかったですか？」でした。これを聞かれる度にアミユミは一度フリーズしてとても申し訳ない気持ちと共に口を開くのです。「まだセブンーイレブンしか行ってません……」と。そう、この取材の前日、夜到着の便で来たので、街も静まり返る中、アミユミは二人でホテルの近所のコンビニに行ってお茶を買って帰ったのでした。わたしは数種類のお茶を買ってどれが美味しいか利き茶をしました！　うふふ。

今回のプロモーションで感じたことは、20年近く台湾でも活動させていただいているので、インタビューをしてくれるライターの方や授賞式のバックステージでお会いした各レコード会社の方々が「多感なティーンの頃、ちょうどパフィーをすごく好きで」という年代らしく、わたしたちの台湾プロモーションを皆さん非常に喜んでくれたことに、20年てやっぱ長いんだなぁということと続けてきてよかった！　ということを激しく思いました。

台湾にはデビュー曲が「アジアの純真」ということもあり、まずはアジアに行こう！　ということでデビューからあまり時間を置くことなく、いち早くプロモーションやライブに行きました。その頃のパフィーは日本でもめちゃくちゃ顔が知られるようになっていて、街を歩けばすぐに囲まれ、明らかに自分より若いアホそうな高校生に「おい、アジア！　ってやれよ！」と言われたりしてました。外に出るのがものすごいストレスになり、視線恐怖症とか対人恐怖症の感じになり、じっと家にこもってました。小さい頃から漫画や小説や映画が、わたしを家にいながら外に連れ出してくれるツールだったので、当然この時もむさぼるように読んでました。く、暗い……。おかげでサブカル誌のオススメ漫画とかの取材では当時怖いモンなしに沢山挙げられた！

元々暗い幼少期を過ごしていたので、人の目に慣れないのは多少は仕方ないと自分でも思っていたものの、想像を遥かに超える「パフィー」というものについていけるのか不安でいっぱいでした。けれど、今思えばその当時はそんなことに向き合う時間すらないくらい忙しかったのと、アホすぎて気付かなかったのが良かったのかなと思います。

日本ではそんな感じだったのですが、台湾に行くとお国柄なのか当時は飛行機を降りた瞬間、まさに飛行機の重いドアが開いた瞬間からメディアが待ち構えていました。飛行機のドアのすぐ向こうにカメラを持った沢山の記者がいてビックリしたのを覚えています。あまりに激しくたかれたフラッシュに「あー絶対いま白目だった。また白目だ。タイミング合わんなー」と思いながらイミグレーションを抜けると、今度はアイドルか海外セレブでも見に来たのかと思うぐらいの、うちわや横断幕を振ってくれてるファンの方々がこれまたたーくさんいて、ビックリ&味わったことのないチヤホヤ感だったのでちょっと嬉しかったアミユミでした。そしてサッと我々のすぐ隣にスーツ姿のおじさんが亜美と由美に3人ずつの計6人寄ってきて、誰にも紹介されないままでしたがどうやらこの方々はボディーガードらしく、この時の台湾滞在中はホテルの部屋から帰りの飛行機までずっとアミユミのそばにいてくれたのでした。しかし6人もボディーガードがつかないといけない状況なんて、今も昔も考えられなくて戸惑ったもんです。このボディーガードのおじさんたちとの会話も、基本的にはこちらから話しかけないと話さないスタンスだったのでちょっとさみしく感じたわたしはある時、何もないホテルのロビーでコケるフリをしてみました。するると、慌ててササッと手を差し出してくれる優しいおじさんたち。それが面白くてそのあと何回かやりました。まぁ、いらん仕事させやがってと思われてたと思います。そしてこのボディーガードの存在すら思い出深い面白トピックスなのに、この時の台湾のホテルにはアミユミそれぞれに「バトラー」という、いわゆる執事のような方が24時間態勢で隣の小部屋に常駐してくれていたのでした。台湾の一流ホテルにはそんなシステムがあるのか！ すごくないすか？ わたしは父がホテルオークラのホテルマンだったので色々なホテルに連れて行ってもらったり、話を聞いたりしてましたが、日本でバトラーサービスがあるのは聞いたことがなかったので、自分にバトラーがついてくれるなんて、どんな世界が待ってるのかとわくドキでした。わたしについてくれたバトラーの女の子は、どう見てもわたしよりは上じゃないよな〜って感じの、ぷりぷりっとした笑顔の可愛い女の子でした。それこそ片言の英語でコミュニケーションを取りつつ、色々と気を遣ってくれる上に、40本近い取材をこなしてヘトヘトになって部屋に戻ったわたしをほっこりする笑顔で迎えてくれる彼女に、理想のお嫁さん像を重ねてしまいました。こういう子がモテる理由が痛いほどよくわかりました。そして企業戦士の気持ちもちょっとわかりました。日々の楽しくも戸惑いの多い台湾のお仕事を全力でサポートしてくれる彼女に、わたしは心から嬉しく思い、最終日に感謝の気持ちを綴《つづ》ったお手紙を渡しました。そして台湾を後にし、家に帰って荷ほどきをして気付くのです。あの広いお部屋の、10人ぐらいで会議も食事もできそうなダイニングテーブルに置いてあったステレオのCDデッキの中に、椎名林檎ちゃんの「無罪モラトリアム」入れっぱなしだった……と。そこはバトラーちゃん気付いてよ……と。

そんな随分前の台湾の思い出に浸った今回の台湾プロモーション。ボディーガードこそつかないまでも、毎回ホテルのお部屋までついてきてくれるシュッとした美人のホテルの方が、最終日にアミユミにカードをくれたのです。空港に向かう車の中で開けてみると、めちゃくちゃ綺麗な漢字とひらがなで書かれた文章が！　漢字の国だからみなさんとても字が綺麗なんですが、ちゃんと日本語のお手紙になってて、ひらがなも文章もとても美しく、わざわざ日本人のお友達に教えてもらって書いてくれたとのこと。そして最後のお名前の上には「バトラー」の文字が!!　「え！　あの方、バトラーだったの!?」と驚くアミユミ。もうそんなシステムなくなってしまったんだろうと思っていたところだったので、ワッと嬉しくなりました。でも忙しくてお部屋にいなさすぎてバトラーさんのありがたみを感じず仕舞いの台湾でした。次は9月17日にライブをしに伺います！　ちょっとした旅行がてら、海外でパフィーを観るのもオツなもんでやんすよ！

（2016年8月号）

17　ハハハハハバロフスク

世の中、ちょっとした隙に何が起こるか全くわからないように、このわたしのどんな話をこのページで求められているというのか……全く謎である。

そんな謎を少し解明すべく担当サマとの楽しいお食事「小すばの会」を開催したところ、ありがたいことにいくつかの話題に興味を持っていただいた。

中でも海外の話は特に反応が良かったので、周囲の友人達にもあまり訪れたという話を聞かないロシアのお話でも、みたらし団子を食べながら書いてみたいと思います。

ちなみにこのお団子、北海道は亀田郡七飯町《かめだぐんななえちょう》にあります大沼《おおぬま》国定公園の「沼の家」というお店のODG《おだんご》でございます。

わたしはここのODGがめちゃくちゃ大好きで、「あんと醬油（みたらし）」と「胡麻《ごま》と醬油」の2セット、もしくは単品から選べるんですが、どれも絶品！

しかも出来立て新鮮なものを食べないとすぐ味が変わってしまうので、東京で食べるなんてまず難しいのです。

パフィーの活動にはあまり貪欲にならないわたしも、この「沼の家」のODGにはかなりがっつついてしまいます。お近くに行くことがありましたら是非！

公園もとても綺麗で産地直送の果物やお野菜も直売されており、ボートも釣り堀もあって充実中の充実です。

さて、そんな北海道とも程近い、ロシアはハバロフスクに向かったパフィー御一行様……遡ること十数年前、ドラえもんでおなじみテレビ朝日系列にて放送しておりました「パパパパパフィー」という番組のスペシャルでした。

細かい内容までは覚えてませんが、ハバロフスクにてミッションをクリアしながら進むアミユミ対抗ゲーム型企画「ハバロフスククエスト」だったと思います。

ちょうど我々は本職の音楽活動のツアー中で、体調管理にはアホほど気を使っていた最中の極寒ロケでした。

テレビってホント厳しい業界なんです。冬のロシアってマジで！　本当に！　寒いんです！

最初に覚えた言葉は「ウォッカ」とあの毛皮のふわふわのお帽子の名称です。

それぐらい寒いんです。ちなみに「ウォッカ」では通じなくて「ヴォートカ」みたいな発音でした。寒い国にはあんな風にグワッとあったかくなるようなお酒が必要なんだなと思いました。

そしてロシアに行ったら絶対あのふわふわのお帽子を買おうと思っていたのですが、何ていう呼び名なのか知らなかったので、由美ちゃんと二人で市場のようなところに行った時に、頭に何かのっけてるようなジェスチャーと共に聞いてみたところロシアの人はわかってくれた様子で、「ノリキノシャーフカ！」と教えてくれました。正式名称は未だわかりませんが、そのジェスチャーで言えば通じる気がします。

しかし、何だってモスクワじゃなくハバロフスクなんでしょう。未だに疑問です。

ロケの前日に我々は青森空港からハバロフスクに入ったのですが、その時に乗ったアエロフロートという航空機が結構斬新で、今まで個人的にもパフィー的にもいろいろな国を訪れ、その度に飛行機に乗る我々ですが、ダントツの衝撃を受けました。まず、座席指定ほぼナシ。なので、なんとなーく後ろの方に歩いて行くと、何故か何度もつまずくので足元を見てみると、納得のカーペットのヨレが至る所に発生。

こういう乗り物とかオフィスとかのカーペットってキッチリ測ってピッシリくっつけてるからヨレがあるなんて想像もしてなかった。

しかも一ヶ所、二ヶ所どころじゃなく、例えるならホルモンで言うシマチョウぐらいのグニャグニャでした。席に着くまでにこんなに楽しかったの初めて。

いつもアミユミは隣同士で座るんですが、由美ちゃんは毎回亜美を窓側にしてくれるんです。なので、いつものように亜美が先に窓側の席に、由美ちゃんが通路側に座りました。

そして通路の向こうの席にはマネージャーさんが。そしてその二列後ろから最後列までのお客さんがこれまた斬新な光景でした。家電です。もう一度言いましょう。家電です。

冷蔵庫さん、洗濯機さん、掃除機さん、炊飯器さん、乾燥機さん、食器乾燥機さん、ウォシュレットさん……といったみなさんが各二、三個ずつのラインナップで、我々人間様と同じ座席に鎮座しておられました。シートベルトは各自腰の低い位置に……というわけにはいかないので、各自背もたれに縄で縛られておられました。

貨物室がいっぱいになるほど乗客乗ってないのに、家電達は何故お席に座っているのでしょう。この頃インスタグラムをやっていたら、確実に、いいね！　が一万件を超えたであろう光景でした。

由美ちゃんと面白すぎるフライトタイムを過ごしていると、これまた年配のＣＡがやってきて、サービスのナッツをポイッと投げていくので球場にいるみたいでした。

そんなサービスの後はお馴染《なじ》みの「ビーフorチキン？」の時間です。

早速聞かれたわたしはビーフをチョイスし、由美ちゃんが一瞬悩んで「チキンプリーズ」と言うと、ＣＡさんに「チッ！」と舌打ちされました。あーおもしろい。

そんな全てが愉快なフライトも終盤を迎え、着陸と共に面白さもピークを迎えました。

飛行機が着陸してブレーキがかかると機内全てにＧがかかります。人はもちろん、肘掛けに置いてあったメガネや本も前方に滑り出てしまいます。

驚いたことにその航空機、着陸時にかかるＧにより、座席の背もたれが一斉にパタパタパタパターッ！　と倒れていきました。もちろん座っている我々の背中にも、背もたれがのしかかってきました。これ笑わない訳ないやつです。由美ちゃんと二人で爆笑しました。

ロシアへの旅のプロローグがこれかと思うと、ただごとじゃない感満載です。

初めてのロシア、きっと思い出いっぱいになるに違いない！　とわくわくしたのを覚えています。

ロケの前日の到着だったので、主だった番組スタッフと一緒に街一番のレストランで食事をすることになりました。

これは「パパパパパフィー」あるあるだとわたしは勝手に思ってるんですが、「ロケが過酷なものになるであろう時の食事はちゃんとしてる」で、結構ちゃんとしたレストランでした。予想通りロシア料理を美味しくいただけるお店で、店内は薄暗いもののバロック調のいい雰囲気が醸《かも》し出されていた気がします。

本場のボルシチやら肉料理と一緒にピロシキを食べたらとても美味しかったので、由美ちゃんもマネージャーさんも偉い方の番組スタッフさんも「もう一個ずつ食べたいよね！」ってことになり、店員さんにわかりやすい英語でお願いすると、怪訝《けげん》な顔をして通訳と偉くない方の番組スタッフに詰め寄りました。

オーダーされることはお店にとって喜ばしいことだと思っていた我々には理解が難しいほどの店員さんの眉間のシワ……そして明らかに困惑している偉くない方の番組スタッフ……を急《せ》かす偉い方の番組スタッフ……の元にトボトボやってきた偉くない方の番組スタッフ。その困惑の理由を聞くと「お店の方にはあらかじめ決めておいた代金を払っていて、そのお金で材料を買ってカツカツで作っているから、急に追加の注文なんかされても材料もないし、だったらもっと金払っとけって話」だそうです。これがロシアか……！　と異国文化を体験した我々は、まだカップラーメンぐらい余裕で入るおなかをグーと鳴らしながら、ホテルに向かうのでした。

ロシアの情勢というより、ハバロフスクの街だけではなく海外行くと大体そうだと思うけど、コーディネーターさん曰《いわ》く、夜出歩くのダメよ、ということなのでホテルでの滞在時間を楽しみにしていたのですが、ホテルのロビーに入ると余計外の寒さを痛感させられるがごとく、柱ごとに綺麗な女性が立っていました。彼女たちは、外が寒くなかったら通りの角ごとに立ってるハズの職業のようです。

しかし本当にどのお嬢さんもものすごく綺麗!! 煌《きら》めくブロンド、たなびくブルネット、透けるような白い肌に真っ赤なリップ……あまりに綺麗なので男性スタッフには「とりあえず行っとけ!」と言っときました。

その後のことはアミユミ、気を利かせてすぐ部屋に行ったのでワッカリマセーン。

こうなったら自室でゆっくり寛《くつろ》ごうとわくわくしながらお部屋に入ると、さすが寒い国! って感じのオイルヒーターにエアコンもガンガンにかかってて、うへぇ……となりました。

とりあえずお化粧落とすのに顔洗おうと思って洗面台の蛇口をひねると、そこからは赤茶色の液体がジョロジョロ〜ッと出てきて、うげぇ……となりました。

こんな得体の知れない液体で顔洗ったら絶対プツプツできる! と思ったので、お化粧は拭き取る方向にしました。

そして薄々感付いてはいましたが、試しにシャワーをひねってみると、やっぱり赤茶色の液体がシャワー状に出てきただけでした。
「死ぬわけじゃなし！」と意を決して、赤茶色の液体を浴びない方の不潔を選んだ瞬間でした。その頃隣の由美ちゃんの部屋でも、全く同じ葛藤があったそうです。

（２０１６年10月号）

18　続・ハハハハハバロフスク

読み返しても我ながら先行き不安な雰囲気にドキドキしてしまうハバロフスクの夜が明け、アミユミのお仕事タイムが近づいてきました。我々はライブと「パパパパパフィー」のロケは基本的に自分たちでお化粧するので、今回のハバロフスクも例外ではございませんでした。しかしながら、ホテルの水道から流れ出てくるお水が赤茶色だったために、前夜のメイク落としもそこそこにして寝たわたしは、結構そのまま残ってるアイメイクを有効活用。これぞ時短というやつです。そして汚ギャルというやつです。若さって恐ろしい……今こんなことしたら確実に10年はお肌の老化が進むはず。

　そんな時短が何より嬉しいというぐらい、テレビ番組のロケは朝早くからスタートします。それが海外ロケなんて日にゃ朝から晩までとりあえず撮っとけ！　ってね。とはいえ、せっかく海外まで行って撮りこぼして帰るわけにもいかないので、ブーブー言いながらも極寒のハバロフスクで撮影開始するのでした。英語も通じないハバロフスクで、いったいどんなミッションが待ち受けているのか……アミユミには知る由《よし》もなかったのです。

　ずいぶん前のことなのであまり明確に覚えてるわけではないんですが、どういう訳か軍のヘリコプターに乗ったことはものすごいハッキリ覚えてます。しかも人を運ぶというよりは、簡易的な座席しかなく荷物を大量に運ぶ用途に用いられるであろう、プロペラが上に二個付いたやつでした。いわゆるタンデムローターというやつです。これにパパパパパフィーのスタッフ、共演者の皆様、アミユミ、各事務所スタッフが一斉に乗り込んだのです……未だかつてあったでしょうか、そんなロケ。とにかく斬新でした。そして映画や海外ドラマでよく見るような軍用ヘリの中の、網をかけられて固定されている積荷が現実味を一層遠ざけていました。しかしよく見ると、当時のパパパのディレクターが、その積荷の向こうでブルブル震えながらギュッと目をつぶって体育座りしてたので、何故そんなに震えているのか聞いてみたところ、単にヘリコプターが怖いんですと。いい大人が。心配して損した。

そして到着したのは街なんかどこにもない、例えるなら「風雲！たけし城」の収録が行われていた緑山スタジオのような、ヒーロー戦隊特撮ものの爆破シーンによくありがちな背景のような涸《か》れた感じの土地でした。しかしそこは現役の老舗アイドル、パフィーの番組です。どのヒーロー戦隊ものでも見られないリアルな戦車が二両、どどーん!!　と鎮座しておいででした。これ、子供にも人気のバラエティ番組ですよね？　そう自問自答しながら、映画『プラトーン』のあのシーンが一瞬頭をよぎりました。わたしたち、ただ吹き矢しに来ただけなのに。

ここでのミッションは、アミユミがそれぞれチームに分かれて、吹き矢で的の風船を狙い、より多く射ぬいたチームの勝ちというものでした。ただし、アミ号ユミ号の戦車に乗りながらロシア人操縦士にロシア語で「まっすぐ」「右」「左」「ゆっくり」などの指示を出しながら。アミユミ、当時はアメリカでレコーディングをし、台湾、香港でツアーを行い、海外仕事には少し慣れていた時期でした。しかし初のロシア。ピロシキすら通じない我々に、この番組スタッフは何を言ってるんだろうと思う頃にはもう戦車に乗せられ、噂《うわさ》によると燃費はリッター340メートル、機種によって違いはあるものの一両9.5億円と言われる車両の一番上で、天板をバンバン叩き操縦士に指示を出しておりました。全然舗装もされていない道をノーサスペンションに違いない乗り物に乗り、舌を噛みそうになりながら「右ー!!」「ゆっくり!!」などと叫び、道の端にユラユラ揺れる頼りない風船めがけて、人間ドックの肺活量チェックのように吹き矢をプフォ!　っと吹くのでした……何この勝負。

確かこの時は吹き矢が得意なアミチームの勝利だった気がします。そしてテレビ的にも十分な尺の撮影ができたので、来た時と同じ軍用ヘリに乗り込み、同じく震えるディレクターを眺め、共演者と談笑しながらめでたくロケは終了いたしました。

ハバロフスクに来る時は、青森空港からアエロフロートという航空機に乗ってきた我々ですが、帰りは時間の都合か何かで、新潟空港に降り立つことになりました。このロケの共演者は確かドロンズさんがいらっしゃったと思いますが、往路・復路ともにバッチリ税関で足止めされてました。彼らは世界中をヒッチハイクで旅する番組にずっと出てらしたので、訪れた国の数とパスポートに押されてるハンコがえらい数になっているらしく、すんなり出てこられないのです。そんなドロンズさんと共に新潟空港に降り立ち、出口にて一同解散となった今回の「パパパパパフィースペシャル」ハバロフスク編は幕を閉じた……ように見えました。

みなさんに別れを告げ、新潟空港からタクシーに乗るべく歩いていたアミユミとマネージャーT石の三人。「いやぁ、疲れたね〜」なんて話してたアミユミは空港出口付近の柱の陰から視線のようなものを感じ、とっさに目を伏せました。今でこそ少しマシになったものの、当時のわたしたちはデビューして急激に変わった環境の変化についていけず、仕事以外で人に見られることやカメラを向けられることがすっかり苦手になっていたので、視界の端に明らかに捉えたあの柱の陰の視線が、結構な長さの望遠レンズだと理解するのにそう時間は要さなかったのです。そしてわたしたちのそんな態度も苦手とするものも熟知している心強いマネージャーT石が、いつも察して早めに対処してくれるのです。さすが長い付き合い。さぁ、今回もよろしくお願いしますよっ！　と完全に彼に頼りきっていたアミユミ。ところが、なぜか彼はまるで恋人のように歩くスピードをわたしたちに合わせたまま、ちっともあの長タマレンズのカメラマンを制しようとしないのです。今までの働きっぷりを考えると気付いてないなんてオカシイってぐらい、その空港のロビーにはわたしたちとそのカメラマンしかいないのに、彼はわたしたちより前を歩くこともなく、歩幅を合わせ綺麗に並んで歩いてみせました。その姿は「Gメン'75」のオープニングを彷彿《ほうふつ》とさせるものがあったと思います。アミユミは今までにないイレギュラーな彼の行動に焦り何度も小声で囁《ささや》き、段々と近付いてくるカメラマンとの対峙に変な汗が止まりませんでした。カメラマンが年配の男性で、山本晋也《やまもとしんや》監督のようなサングラスをかけキャップをかぶり、おそらくフィルムやレンズケースを入れるのに便利であろうポケットがいっぱい付いたベージュのベストを着て、こちらにカメラを向けているのがはっきりわかる距離まで近付きました。きっと次の瞬間にはどこからかレポーターや記者がわっと来てマイクを向けてきて、色んなこと聞かれるのかしら、何聞かれるのかしら、どう答えたらいいのかしら、というようなことが0.2秒ほどの間に頭の中を駆け巡り、由美ちゃんと顔を見合わせてキュッと覚悟を決めかけた瞬間、マネージャーT石がサッと動いたのです！　もう諦めていたアミユミは驚き、彼とカメラマンの直接対決を見ることに気まずさを覚え、二人でさりげなくその場を離れるべきか一瞬迷いました。が、頼もしいT石マネージャーの勇姿を見たいという気持ちが勝ち、遠巻きに眺めることにしました。ところがT石マネージャーの「ちょっと！　何してんの！」という第一声はいつものそれとは違い、少しだけ違和感があったのです。

しばらくT石マネージャーとその年配のカメラマンとでやりとりをしていて、怒ってるようにも見えないしカメラマンもいたって普通の態度だしやたらすんなり帰るし、何か変なの……と思いながらまた三人で歩き始めました。そして当然聞いてみたのです。「ねー、T石さん。あのカメラマン何でうちらが今日新潟空港に来ること知ってたんだろ。めっちゃ遠くからずっと写真撮ってたよね。撮った写真見せてもらった？」するとT石マネージャーは「あー、なんか新聞に載ってたみたいなんすよ。パパパのロケがハバロフスクであるっていうのが。で、昨日今日と空港で張ってたらしいんですよね。そんで写真なんすけど、あのー、二人はほとんど写ってないんで安心してください」と言うのです。わたしも由美ちゃんも「え？　ロケの情報が漏れてるのはさておき、写真に写ってないってどういうこと？」と聞きました。そしたらT石が耳を疑うような発言をしたのです。「あのー、若干写ってはいますけど、メイン僕なんで」「……え？　何で？」「あれ、うちの親父《おやじ》っす」

頭の中が真っ白になってるアミユミを尻目にT石は続けます。「なんか、親父がそのロケの情報を仕入れて、だったら新潟空港来んだろってヤマ張って案の定僕が降りてきたんで写真におさめたって感じですかね。ちなみにあの長ダマレンズは僕が甲子園出た時に張り切って買ったやつなんで、結構な距離撮れるんすわ」

なんとパパラッチどころか、親バカ!?　何ならマネージャーT石も親父さんが撮りやすいように歩いた!?

パフィーがT石マネージャーと出会って、20年近く経とうとしていますが、未だに親父さんとちゃんと喋《しゃべ》ってません。っちゅーか、ちゃんとご挨拶したことあったかなぁ。あの新潟空港が絶好のチャンスだったと思うんだけどなぁ。T石も、何であの時ちゃんと紹介しないんだろう。未だ謎多きT石マネージャーです。

（2016年11月号）

19　アーミー、愛してます

亜美、10歳。ホテルマンの父の転勤により、お隣は韓国・ソウル市に移住することを聞かされ、真っ先に思ったのは「どうしよう。日本語忘れちゃう」というアホな子供でした。一番懐いていたと言われたおばあちゃんの二の腕にえぐられたような噛み痕を残したうちのプードルは、いつしか知らない間にどこかに嫁に行き、わたしが引き出しの中に隠し貯めていたクレヨン型のチョコレートも処分する時がやってきた引っ越し間近の大貫家では、10歳には韓国の情報なんて皆無中の皆無だったのに、父がこんな話をした。「パパな、今回韓国に行く話をもらった時、実は韓国とグアムどっちがいい？　って聞かれたんだ。そこでよく考えてみたんだけど、韓国の方が歴史が深い国だからお前の勉強にもなるしいいかなと思ってそっちにしたんだぞ」……だぞ？　だぞじゃねーよ何言ってんだよオヤジ！　グアムってアレか？　常夏の楽園のアレだろ？　なんでそっち選ばねんだよ!!　……と、数分経って沸々と思いました。10歳には歴史云々《うんぬん》より、青い海と白い砂浜の方が当然魅力的だったのだ。正直言って父の韓国転勤には全く乗り気じゃないまま、未だ見ぬグアムに想いを馳せて、手にはめる人形のチワワと母が布のプリントから作ってくれたウサギのぬいぐるみ（2D）を荷物に詰めて、大貫家はソウル市に移住したのでした。

10歳の東京育ちの亜美には韓国の凍《い》てつく冬は厳しく、耳が千切れんじゃないかと思いながら通った学校では、あまりの寒さ故、冬の体育は校庭に水を張って凍らせただけの簡易スケートリンクで競走が行われていました。ところが都会島から来たスコップくんのような亜美なので、アイススケートなんかやったことないんですけどと言ってる間もなくヨチヨチと氷の上のスタートラインに立たされてヨーイドン！　整備車両が1時間ごとに来るわけもないガタガタなスケートリンクで、何度も何度も転んでは起き上がり競走しを繰り返し、おかげで普通よりちょっと上手に滑れるようになりました。でもよくスケートリンクで見かけるカップルみたいに、恋人に手を引いてもらったり転びそうなフリして近づいたりしたかった。そんなことを思う思春期のわたしは、中学生になって日本に戻ってきたので、地元のスケートリンクで技を極めるでもなく延々8時間ぐらい滑ってました。誰に教わるでもなくスピンも何もできないのでただリンクを何周も回るだけの、昔スケートかじってましたって感じの、手を後ろに組んでスイ〜ッと滑るじいさんのように延々と。

　ソウルでの生活は、近所を歩いてもまだ日本人があまりいない地域に住んでいたので、ジロジロ見られては少し意地悪なことを言われたこともありました。そして、日本人学校に通っていたものの友達が近くに住んでおらず、学校から帰ると一人で洋楽のチャート番組を見てはカルチャー・クラブのボーイ・ジョージに心奪われ、定価よりだいぶ高額な週刊少年ジャンプを何度も何度も読んで、お休みの日は父のかけるレコードで目が覚めて、家族で山登りに行ったり、父の勤めるホテルで食事したり、梨泰院《イテウォン》という派手な通りに父の好きなチキンのお店があったのでそこに行ったりと、日本にいる頃よりは家族仲は良かったように思います。そんな意味でも転勤先を韓国にして良かったのかなぁと思うけど、うちの父ちゃんがそこまで考えてたとか……うん、絶対ないと思う。

楽しいことも楽しくないことも、いろんなことが沢山あったソウルでの2年半が過ぎ、わたしは日本人学校で週1回習うだけの韓国語の授業で日本語を忘れることなく帰国。というより、韓国語を覚えることなく帰国といった方が正しいかもしれません。そんなわたしは今、猛烈に反省しているのです。韓国で過ごした日々を、何故もっと充実した生活にしなかったのか！　何故2年半も滞在していたのに韓国語喋れるようになっていないのか!!　っちゅーか、頑張って現地の学校通ってたら、めっちゃペラペラになってたんじゃないかと……そう思うと10歳とはいえ自分の将来設計のできてなさ加減に腹が立つ！　あの時ちゃんと勉強して韓国人のお友達作って子供だからいつの間にか喋れるようになってた効果を狙っていれば、わたしは今頃……大好きな韓流《ハンりゅう》アイドルが何言ってるかわかるようになってたのにーーー!!!

……というわけで、わたしは43歳にもなって好きなアイドルができました。ほぼ毎日そのアイドルグループの動画を観ています。忙しくて観られない時は、ネットで拾ってきた画像を眺めています。そしてMVはたぶん全部観たので、オフショット動画やSNSに投稿された動画を観てはニヤニヤしているのです。きっかけは娘小狸が学校のお友達とそのアイドルについて盛り上がっていたので、いつもの学校の出来事やらを話してもらう延長でそのアイドルを知り、ふーん韓流ねぇ……ぐらいにしか思ってなかったのに、娘小狸がこんなに嬉々《きき》としてアイドルのことをカッコイイだなんて言うことが本当に珍しく、それならわたしも詳しくなって理解を深めよう！　と思い、色々ネットで掘ってみたのです。しかし一生懸命調べてはみたものの、髪型と立ち位置を変えられただけでメンバーの顔と名前がわからなくなり、しかも愛称で書かれた日にゃあ誰が誰だかの毎日でした。あまりのわからなさに、さすがに初老の波が来たかと思いました。しかし諦めずに徐々に詳しくなっていくと娘小狸にも喜ばれ、そんな時ひょんなことで彼らのライブを観に行くことができたのです。そこでダンスの上手さに目を奪われ、ここまでのスキルを身につけるのにどれだけ練習したんだろうとか、すっごい色々考えちゃったらもう最後。気付いたら夢中で目で追ってました。MVはもしかしたら早回しとかしてるのかなと思っていたんですが、そんなことは微塵も感じられないキレッキキレのダンスでした。歌もめっちゃ上手い。そして何よりもカワイイ。そしたら、そしたら、不思議なことに、あれよあれよという間にわたしの心の隙間を埋めてくれたのでした。決定的だったのは、彼らはファンのことをARMY（アーミー）と呼び、たどたどしい日本語で頑張ってMCをしてくれるんですが、ファン想いの彼らは必ず最後に「アーミー、愛してます」と言います。それが、どうしても「亜美、愛してます」にしか聞こえなくて、気付いたら「リシャール持ってこい！」って言っちゃうところでした。ホストにハマる気持ちも少しわかる気がしました。

わたしが今更ファンクラブに入ろうか夜な夜な悩む彼らの名前は「防弾少年団」。韓国語読みの頭文字を取って「ＢＴＳ」と略されています。初めは娘小狸に喜ばれようと詳しくなっていったＢＴＳ。その間に娘小狸は新しい韓流アイドルグループを次々と仕入れ、「ママ、これもいいよ！　聴いてみて！」と教えてくれるんですが、わたしはＢＴＳをやっと覚えて好きになって毎日のように聴いてるというのに、他のグループが入る隙なんてこれっぽっちもあらしまへんのや!!　しかもついこないだまでＢＴＳが好き言うて一緒にキャッキャしてたやんけ!!　と、他のグループを薦められるたびに思っているのです。なので、わたしは当分の間ＢＴＳのみ！　他に心奪われるくらいステキなのが出てきたら他に行くから、と娘小狸には言い放ったんですが……これまた最初にお宝発見しちゃった？ってぐらいＢＴＳに敵《かな》うアイドルに未だお目にかかってないというのが現状です。そうやって毎日のようにＢＴＳに詳しくなっていくわたしは、さぞ喜ぶだろうと思って毎日のようにＢＴＳについての新発見を娘小狸に報告していたら、ある日「ママ、わたしそこまでじゃないよ……」と言われてしまいました。娘小狸曰く「メンバーも曲もダンスもＭＶもカッコイイとは思うけど、ママみたいな、そういうんじゃない」と……。そういうのって何？　いや、ホントは自分でも薄々気付いてる。自分が「そういうの」になってることわかってる。引き返すなら今だって、心のどこかから聞こえてくるのがわかる。そんな時、同じように韓流アイドルにハマっている同年代のママ友が「韓流ってね、思いっきりハマった方が楽しいよ♡」と、もしかしたらわたしがその時一番聞きたかったであろう一言を言ってくれた。リミッターが外れたわたしのお熱は、そこから急に上昇したのです。しかしわたしにはアイドルというカテゴリーのハードルが少々高めで、曲もカッコイイ彼らのアルバムを買おうにも何パターンもジャケットが存在し、その選び方がわかりません。ネットで調べたところで果たしてこれはアルバムなのかという薄い情報しか得られず、せめて何曲入ってるのかだけでもと思っても、それすらも不明。とりあえずアルバムっぽいし、全く内容わからないけどカレンダーとか付いてるこの1番にしよう、と選んでみたら分厚いブックレットにわたしの推しメンが1ページも出てこないというショッキングな出来事が……！　あれを回避する方法を教えてください！　そしていつか韓国語が話せてダンスのできる人間にしてください！　今それを切に願っております!!!

（2017年1月号）

20　紅白の歌の合戦に参上す！

　さて、そろそろ本気を出すか……と机に向かうこと数時間。携帯ゲームをしたり韓流アイドルの動画を見たり、ポップコーンを食べたりして過ごしています。このだらしなさ、母と娘には知られたくない……常に板挟み状態。毎晩のように「テレビ観ながら宿題やってたらいつまで経っても終わらないよっ！」と娘に言ってるとは誰も思うまい。そしてそれはまさに子供の頃から母に言われ続けていた言葉。いい加減成長しなければ……。

　しかしここは大人なので、自分なりに「何故集中できないのか」を考えてみることにした。日々、常にやらなければならないことに追われているわたしは、あれやってこれやってと考えはするものの実行に移すまでが遅い。例えばテーブルの上を綺麗にする時も、キッチンに片すものと机に片すもの、本棚に戻す本などをいっぺんに持ってしまっている。その方が一度で済むと思っているから。この時点で自分でこいつバカだなと思っているけど、どうにもやめられない。そして無駄な距離を歩いてなんとなく片付けるも途中でさらなる片付け物を発見してしまう。例えば同じ属性の文房具などを。そうするとさらにそれも持ち歩き、時には持っていたものをそこに置いて新しい片付け物を手にしてしまうことも。結局あるべきところに収まらず、その場に相応《ふさわ》しくない物が別の場所に移動しただけということになる。果たして原因は何か。あれもこれもという、要領が悪いくせに欲張った結果ではなかろうか。そしてそれはなぜ起こるのか。一つずつ順番に終えるという気持ちが欠落しているからではないか。それすなわち、集中力が欠けているということへ導かれるのではないだろうか。自己分析、意外と楽しい。自分のことながら、なるほどなるほどと感心してみたものの、四十を越えて集中力がないことを自ら露呈するのも恥ずかしい……と思っていたら、さらなる結論に至りました。

集中力がなかったら、ゲームとか動画で仕事を忘れるなんてことなくないですか？

そうですよ。わたしはゲームや動画に集中するあまり自分のやるべきことがおろそかになっているんです！　それほどまでの恐ろしい集中力を持っているんです！　自分が怖い!!

……この結論もクソだな。いずれにしても母や娘に知られたくない自分しかいませんでした。反省～。よくこんなんで20年もやってこれたなと思ってまーす！　が、さすがに２０１６年のパフィーが、デビューして20周年のアニバーサリーイヤーに紅白歌合戦に初めて出ることになるなんて思ってもみませんでした。

初出場ということに、たくさんの方が驚いていらっしゃいましたが、実はそうなんです。思えば20年前、デビューした１９９６年の大晦日《おおみそか》、紅白歌合戦にオファーしていただいた我々ですが、同じ日にテレビ神奈川での生番組に出演することがもっと前に決定していたのです。それ以来全く未知の世界だった紅白歌合戦というステージに、20年という年月を経て上がらせていただいたのでした。

初めての紅白の知らせは、出演者発表のほんの数日前。自分たちのライブのリハーサルからの帰り道ででした。ふと立ち寄ったコンビニを出た瞬間、マネージャーさんから電話がかかってきたので、スタジオに忘れものしたんだと思いました。「紅白決まった！」だったかな。何だったかな。マネージャーさんが何て言ってたか忘れちゃったけど、そのお知らせを聞いたわたしは自分の感情よりも先に、事務所やレーベルの人が一生懸命頑張ってくれてたので、「わー！　みんな喜んでるだろなー！」と思いました。特にパフィーはレーベルを移籍したばっかりなので、こういう形で恩返しができて非常に良かったのです。

そしてそれからというもの、引いてしまうぐらい慌ただしい日々が始まりました。やたら打ち合わせはするものの、パフィーチームは紅白への出場経験がないし、演出やら選曲やら衣装やらヘアメイクやら、決めなきゃいけないことはありすぎるのに、何から手をつけて良いのやら……といった日々が続きました。この段階から紅白歌合戦というものはただならぬものという雰囲気がバキバキに漂ってまいりました（もちろん普通の歌番組と同じとは全然思ってなかったけど、そう思わないと緊張しちゃうから最終的にはそう自分に言い聞かせました）。わたしも由美ちゃんもスタッフも、ワケがわからなすぎて「とりあえず飲みながら話した方がいい案出るよね！」と言って、初めのうちは飲みながら紅白でやりたいことをつらつらと並べていたんですが、そんな時に出る案ってほとんどふざけててめちゃくちゃ面白いんですけど、ただ面白いだけだということに薄々気付き始めてはいたものの、だんだん時間に追われるようになり、ずっと気付かないフリしてたけど相手は紅白だし悠長に構えていられなくなったので、真面目に会議室で打ち合わせをするようになりました。

自分たちが歌いたい曲と番組サイドからのリクエストをすり合わせ、それによって演出も話し合い、動き方によって衣装を決め、シチュエーションによってどんなヘアメイクにするかも相談し合い、二転三転しながら大体の予想を立てて決め込んで行きました。

こうしてパフィーの紅白歌合戦初出場は、記念すべきアニバーサリーイヤーに呼んでいただけたことを非常に有難く思うとともに、次の年はもうアニバーサリーでもなんでもないから、今回の一回に賭けよう！　という我々パフィーチームの気合が、年の瀬に漏れに漏れ出した一大イベントになりました。

そしてまずは出場者発表と記者会見を迎えんとするわたしたちは、直前まで何を着るべきか悩んでおりました。というのも、出場決定から記者会見まで日にちがなかったのでスタイリストさんも都合つかず、どこまで気合を入れていいかわからないというのもあり、とりあえずアミユミのテイストだけ揃えて私服で構成しようということになったのです。その中でも真面目なアミユミは事前に打ち合わせて、持ってるお揃いの服の中で何着よっか〜ってな具合に何着か持って行ったりしたのでした。そして候補の中から、アニバーサリーイヤーを締めくくる素敵な一大イベントに、一番「らしい」服を着ることにしました。会見場所がどんなところかわからなかったので、寒くて風邪でも引いたらマズイなと思い、自分たちの名前が腕に大きく刺繡された、防寒性バツグンのドカジャンをチョイス。前身頃のポッケには「由美じゃない方」「亜美じゃない方」と刺繡もされているから、久々にパフィーを見た方にもわかりやすい仕様になっております。

　初出場さんたちが出る記者会見の前に、NHK陣営の方々と会見出演者が一堂に会し顔合わせを行いました。密着取材のカメラが常に近くで撮影していたけれど、そんなに緊張することもなくキョロキョロしておりました。番組スタッフの方々のお話を聞いてみなさんに紹介をしていただいて、記者会見場に移動。ちなみにちっとも寒くありませんでした。そしてカーテンが上がると目の前にはたくさんの報道陣がカメラを構えておりました。よくテレビに「フラッシュの点滅にご注意ください」とか注意のテロップが出されてるけど、あれって画面を通さなければ具合悪くならないものなのかしら……直接浴びる分には害はないんでしょうか……ということを考えてました。0.2秒くらいで。そしてその場にはいらっしゃらなかった他の初出場の方々のコメントをモニター画面で拝見し、全体の集合写真、個々の撮影を終えたら映像コメントなどを撮影し、なんだかんだと仕事を終え、携帯電話の画面を見るとえげつない数のメール新着のお知らせが。ほぼ全員が「紅白おめでとう!!」でした。わたしの友達の中にも「初めてなんだね！　意外!!」というわたしに興味のなかった人がいたり、年賀状ぐらいしかやりとりしないのだけれど気心の知れた同級生もメールをくれたり、しばらくメールの返信も忙しい日々が続きました。

（２０１７年３月号）

21　続・紅白の歌の合戦に参上す！

前回からの続きです。パフィー結成20周年にして初めて紅白歌合戦にお呼ばれした時のことを書いております。紅白出場者の記者発表を受け、友達や親戚が久々に連絡をくれたというところらへんからのお話です。

そして我々は紅白の番宣番組などに出演した後、よくわからないままNHKを後にしたのでした。勝手がわからないというのは、20年やっていてもちょっと不安になるもんだなぁと思いつつ、やっぱり二人組で良かったと思いました。口にはしないけど由美ちゃんもきっと同じ気持ちな……ハズ。でもアミユミよりもうちのスタッフが明らかに緊張していたので、本人が一番普通に近かったという自覚があります。先に酔われたら酔えない、みたいなアレです。うちの現場、そういうことよくあるんです。

紅白当日が近づくにつれ、何度もスタイリストさんやヘアメイクさんと打ち合わせをしてフィッティングをして、なんだかんだと我々の準備も整いつつ、番組的にはリハーサルの日となりました。驚くことにそこには各社の報道記者さんもいてリハーサルの様子も撮影するというので、私服も気を遣ってくださいとのことでした。どうしたものかと考えても、急な話だったので新しいお洋服を買いに行く時間も十分には取れず、とりあえず持ってるけどあまり人前で着てなかった服でいっか、と思い、派手なのかどうか不安で着てなかったレオパード柄のジャケットを着ていくことにしました。そして家を出るタイミングで家に来た母に「よっ！　ピコ太郎！」と見送られたことを、その日の囲み取材でお話ししたら、翌日新聞にそのことが掲載されました。面白かったです。着てって良かった。でももっとまともなお話しとけばよかった。

　そして司会の方と「面接」と呼ばれるインタビューのようなものの時間になり、嵐の相《あい》葉《ば》雅紀《まさき》くんと有村《ありむら》架純《かすみ》ちゃんの前に座るように促されたアミユミは、入社試験のような面接を受けたことがなく、でも漫画で得た知識はあるので、「どうぞお座りくださいって言われなきゃ座っちゃダメなんじゃない？」とか「椅子の横に立ってお辞儀すんのが最初じゃない？」などのやりとりをお二人の目の前でわちゃわちゃと繰り広げ、「何でそんなに楽しそうなんですか！」と笑顔で言われ一気に場が和み、若き司会者のお二人との楽しい時間もあっという間に過ぎました。面接っていうからもっと「御社の――」とかそういう堅苦しさがあるのかとちょっと期待してしまいましたが、わたし的には紅白関連の動きの中で一番楽しかったひと時でした。そして何時《いつ》ものNHKとは全く違う場所に見えるくらいたくさんの人が慌ただしく行き来している光景は、年末感も相まってとても特別な空間のように感じました。共演者の皆さんも、気合に満ち満ちている方、何度も出られてその場を楽しんでらっしゃる方、それぞれの紅白のリハーサルを過ごされていて、そんな歌番組他にあったかしら……なんて思ってしまいました。これがまだリハーサルの段階だということにそしてわたしはその日の夜の疲労感によって、おののくのでした。

今回の紅白歌合戦は、NHKホール内でステージを二つに分けたりと今までにはない試みをしているということで、番組サイドも今までの紅白とは違うバタつきがあるみたいでした。しかし初登場の我々には到底わかるわけもなく……特に何をするでもなくただ言われるがままに移動し、パフォーマンスし、コメントをしたリハーサルでしたが、間違いなくこの年一番の怒濤の日々でした。

そして迎えた本番当日。12月31日。この日、珍しく母が番組観覧に来たいと言ってくれました。昔やっていた「パパパパパフィー」という番組で広島にロケに行った時に父と二人で来てくれて以来、おそらく初めてじゃないかな。母は普段の生活の中でわたしの音楽を熱心に聴くこともなかったので、東京のライブには来てくれるものの、ライブ以外のわたしの歌う仕事に興味があったなんて……と嬉しくなりました。これも紅白効果なのかしら。しかしいくら都内のNHKホールとはいえ、終わるのは夜遅いし長丁場だし心配でしたが、母も何か特別な気持ちを持っていたのか、ちゃんと最後まで見てもらえたみたいです。ということで、わたしは母が客席で見守る中、初の大舞台を踏むのでした。

当日の午前中から、出演者ほぼ全員による登場シーンのリハーサルを行い、待機場所からステージまでの道をたどりラインナップ。そして楽屋に戻りなんだかんだと本番に向けて準備していると、各出演者の皆さんから差し入れが次々と届いて、とても贅沢な気持ちというか、そんな心遣いにとても豊かな気持ちになりました。だってどれもこれも美味しいものばっかだったんだもん……♡　こうして身も心も満たされたアミユミは治療という名のメイクアップタイムに突入したのです。今回のメイクと衣装ですが、きっと久々にパフィーをテレビで見るという方もいらっしゃると思ったので、昔よくテレビに出ていた頃の思い出が強い方や、今までちゃんと気にして見ててくれた方を少し裏切るというか、パフィーってこんなだった！　と思ってもらえるようにしたかったのです。自分たちらしさっていうとちょっと考えないと答えが出ないんですが、客観的にパフィーを見た時に、こういうパフィーだったらいいな～というヴィジョンはあるので、今回は双子のようにそっくりにして観た方を混乱させたいというテーマを作りました。デビュー当時から同じような髪型にする度に、もしくは全然違う髪型なのに、どっちがどっちかわからないとか、二人は双子なんですか？　とか言われていたので、これは使えると思ったのです。そして今、由美ちゃんの地毛の髪型はベリーショートなので、同じウィッグをヘアメイクさんに用意してもらったのです。フルウィッグは「いかに自然に見えるか」が勝負なのですが、アミユミ同じウィッグを着用していても頭の形などで若干フィット感も違ってくるので、ウィッグ用の打ち合わせも事前に数回行いました。そして衣装ですが、登場シーンが2回ということで、まずはオープニングのタキシード風つなぎです。かっちりフォーマルに仕上げていながらも、所詮つなぎ……と、この辺がとてもパフィーっぽくていいなと思いました。そして貴族がつけるタスキのようなのをアクセントに作っていただきました！　テレビでご覧になった方は見えたかもしれませんが、あのタスキにくっついていたクッキーのような飾り、実はなんと全部本物のクッキーだったんです。本物のクッキーを樹脂で固めてもらいました。さらによく見てみると、アミユミの飼っていた猫の顔になっていたりと本当に細かい仕事をしていただきました!!　そしてそのクッキーの中に、「本番中お腹すいたら食べられるように」というリクエストのもと、本当に食べられるやつも入れておいていただきました!　このつなぎも本当に評判が良く、これからもちょいちょい色んなお仕事で着てやろうと思ってます。そしてもう一パターンは、お着物です。パフィーといえば世界110カ国以上で放映されたアニメにもなったことですし、いまだに「アメリカと日本と半々くらいで生活してるんですか?」と聞かれるほどの海外通っぽい感じでおなじみらしいので、そこも加味してのお着物です。何よりわたしはお着物が大好きなのです。とはいえ、どんな柄のお着物がいいのか。スタイリストチームと悩みに悩みました。現行のお着物を着ればアミユミお揃いのものが用意できて双子コーデの完成も容易《たやす》い。しかし、その分「あのお着物どこどこのやつだね〜」みたいなことがすぐわかったりしてしまう。そういうのってあまり夢がない気がするんです。ということでアンティークも数着用意していただきました。なんとなくテイストの近いものを集めてもらったものの、なにぶんアンティークなので全く同じものが揃わない。ベースになってる黒地の色合いが微妙に違って目立つ。でも二人並ぶと意外と地味。演歌の方々もきっとお着物でいらっしゃるだろうから、かぶらないようにしないと……などなど。さてどうしたものか……ということで、考えあぐねた末の折衷案《せっちゅうあん》が出ました。現行で出ているお着物とアンティークを左右で縫い合わせて、ニコイチにしようという、まさに折衷案が出たのです。

このお着物もめっちゃくちゃ評判が良くて、大満足でした!! そして迎えた本番。我々の出番は紅組のトップバッター。なんだって初めてで何もわからない人たちをトップにするんだろうと思っておりました。ところが無事終えてみると、後の時間の快適さったらもう。早くも解放感に包まれて、他の方の応援に尽力させていただきました。そのおかげかこの年は紅組が優勝! とてもおめでたい初出場になりました。

見てくださった方、本当にありがとう! 結構親孝行にもなったかな〜!

(2017年4月号)

22　娘小狸

うちの娘小狸も早いものでもう14歳。２００３年に出産するまでは、自分がまさか女の子のお母さんになるなんて思ってもいませんでした。ちなみにこの場をお借りして言わせていただきますが、ワタクシはデキ婚じゃございません。某リポーターがテレビでそんなようなこと言ってましたけど。まぁ今となってはどうでもいいけど「みなさんご存じのネタですけど」みたいな感じで言いやがって……誰も存じてないっちゅーねん。そして出産直後、彼女の今後を考えて公表していなかった名前が人気クイズ番組の問題になって出題されたこともありました……その中に正解はありませんでしたが、どっちの番組もリアルタイムで観てたので、ひっくり返りました。……と、この手の愚痴《ぐち》は山ほどあるので、今は言わないけどわたしがこの仕事を辞める時に全部面白可笑《おか》しく言ってやろうと思っています。

今回は、特に誕生日だったわけでもなんでもない不思議なタイミングですが娘小狸のことを少し書こうと思います。もちろん全てを事細かに書いてしまうと、ただでさえある意味生きづらい世の中なので、何かが特定されたりしないように心がけますし、基本的に自分の私生活のことを話すのは苦手なのですが嘘は書かないつもりです。

女の子の母親になって14年。２００２年に行われたパフィー史上最も過酷だった北米ツアーで、棺桶《かんおけ》サイズのベッドに揺られている時、既におなかにいた娘小狸には胎教がわりにパフィーをライブバージョンでお届け。加えて激しい運動、過酷な移動、度重なる時差ボケ等々、マタニティーライフとはありとあらゆる方面で逆行しておりました（幸いその頃のわたしはお酒を飲まなかったので、打ち上げでもずっとお水とかお茶とかコーヒー飲んでました）。

生まれながらに、というか生まれてもないのにそんなハードな状況下でちょっとずつ大きくなった娘小狸の存在をわたしが知ったのは激動の北米ツアーから戻った夏の暑い日でした。20代後半だったにもかかわらず、まだまだ自分に不安要素しかないわたしは、人の親になるというより、誰かの人生の指針というか、人に何かを注意したり教えたりするようなことなんてできない！　と思いました。ましてやありがたいことにパフィーをアニメにしたいという信じられないオファーもあったりで……そこでしばらく悩みましたが、そんな気持ちとは裏腹に娘小狸は２００３年の3月に賑《にぎ》やかに産声《うぶごえ》をあげました。

わたしの不安を察知するかのように周りがサポートしてくれたおかげで、娘小狸はすくすく育ちました。女の子が生まれるとわかった時から、わたしの中にある『有閑倶楽部《ゆうかんくらぶ》』の悠里《ゆうり》のママみたいな少女趣味が爆発して、自分は着ないけど憧れちゃうシャーリーテンプルのワンピースやレースのエプロンドレスを買ってしまっていたのですが、残念ながらああいうのには似合う似合わないあるんだなと思いました……。なぜなら、娘小狸さん、髪の毛が全部総立ちだったのです。フワッフワのスパイキーヘアで、抱っこするとほっぺに毛先がそよいで、めちゃくちゃくすぐったかった。アレにシャーリーテンプルはアカン！　可愛いけど！　でもそれは赤ちゃんの可愛さかもしれない！　赤ちゃんはみんな9割増しで可愛いフィルターかかって見えるから！　気づかない親になってはいけない！　心を鬼にしろ！　目を覚ませ！　……と自分に言い聞かせて、イチゴのついた可愛いシャーリーテンプルのワンピースをそっとしまいました。その甲斐あってかどうかわかりませんが、ショートパンツの似合う快活そうなインドア派になり、結果、14歳の娘小狸はヒールのあるサンダルやお化粧に全く興味がないので、親子って似るんだなと思いました。

赤ちゃんの頃はレコーディングスタジオに連れてきてもらって授乳しつつレコーディングしつつ、ツアーも一緒に回ったりもして、楽しいながらも大変なことをしていました。今となってはパフィーは二人とも子供がいて、スタッフさんもみんなお子さんができたりして、何が大変なのかをわかってくれるようになりましたが、娘小狸の幼少期は周りに子供一人だったし、わたしも初めてのことだったし、予定を組んだはいいけど考えが足りなかったりで色々勉強になりました。ニューヨーク、ロサンゼルス、サンフランシスコと回るツアーに、1歳半になった娘小狸を連れて行ったことがあるんですが、一番大きかったのは「子供に時差は関係ない」ということでした。まぁ、見事に夜は寝ないし昼は起きない。今ぐらいの年齢だったら夜寝ないでいてくれたら逆に仕事しやすいかもしれませんが、常に遊び相手を求めている1歳半なので、さすがにキツかったかなー。まだ子供のいないパフィーチームや由美ちゃんにも面倒をかけたと思うけど、一緒に連れて行きたかったし、このことに後悔はしたくなかったので、いつかみんなの役に立てるように、ツアーに連れて行っても邪魔にならないように、という思いで娘小狸には英語を勉強してもらってます。そしてツアーやフェスもタイミングが合えば連れてってツアースタッフに遊んでもらっているので、わたしより照明や音響に詳しくなってます。幼少期の好きな食べ物は「しゃけのかわ」、好きな言葉は「うちあげとごうりゅう」でした。そんな娘小狸も14歳、立派にエヴァンゲリヲンに乗れる歳です。14年も経つと思春期を迎え反抗期を迎え、社会に唾を吐き、敷かれたレールの上を歩くだけの人生なんてナンチャラ言うのかと思ってました。あと、もれなくお母さんのことを「ババア」と呼ぶんだと思ってました。そしたらグーパンして裸にひんむいて吊るしてやろうかと思ってましたが、そんなこともなく、非常に楽しい娘さんに成長いたしました。

特にわたしのことに関しては世の中で一番わかってくれてるんじゃないかなというくらい理解してくれて、わたしも彼女のそれでありたいと常日頃から思う勢いです。親なのでこのニュアンスを伝えるのは難しいのですが、娘小狸は「いい子」じゃなくて「めっちゃいい奴」なんです。とはいえ、友達ではないんです。わたしと娘小狸のやり取りを見た方によく「二人って友達みたいだよね〜!」と言ってもらうんですが、そこははっきりしておきたいんです。わたしには古くからの友達がちゃんといます。娘小狸にもそうであってほしいんです。共に悩んで共に成長していく友達を大切にしてほしいんです。仮にその友達に裏切られて傷付くことがあって、娘小狸がわたしを必要としたら、その時出ていけばいいと思っています。わたしは無償の愛を捧《ささ》げられる唯一の存在なので、そこは友達とは別に考えたいのです。……なーんて思ってしまうぐらい、娘小狸に支えてもらってるというか楽しませてもらってます。音楽や漫画アニメの趣味も合うし、最近では二人してK-POPに夢中なので毎日誰がどうしたとアイドルの話をしています。会話の返しもハンパなく面白いので、爆笑多めの日々です。

何故か昭和の話題にも付いてきたりするので、娘小狸にわたしの友達を紹介して仲良くなるパターンがよくあるんですが、今一番会ってる友達がトランスジェンダーです。もちろん小さい頃から知ってるので何の先入観もないんですが、最近わたしはその友達とメールのやり取りをしてる中で、彼（？　彼女？）が娘小狸のことを「14歳でおかまがマブダチって……レア！　仙人の域！　爆笑」と言ってるのを見て、娘小狸の人生、楽しそうでうらやましくなりました。

あーもう大好き！　早くお風呂から上がってきてー！

（2017年9月号）

23　マイ・フェア・小狸

　9月になりPのAも44歳のお誕生日を迎えました。もう立派なヨンヨンです。わたしは今はインスタグラムぐらいしかSNSをやっておらず、写真ありきでいろいろな表現をするのは、自由でいて不自由な感じもしないでもないのですが、不自由を嘆く自由がそこにはあるわけで……まぁ要するに、写真って伝えなくてもいいものまで写ってしまうから厄介ですよね！　って話です。先日そのインスタグラムにマイスウィート娘小狸にもらったバースデーカードを載せたところ、自分でも驚きの数のコメントが来たのです。みんなこんなに人ん家《ち》の子供の描いたカードに興味持ってくれるの⁇　と、皆さんの温かさにほんわかしました。しかしながら特筆すべきは娘小狸の素敵な絵より、カードに施してある楽しい仕掛けのアイデアより、娘小狸はわたしの涙腺を軽く崩壊させる文章を書くのです。もちろん子供なので決して難しい言葉ではなく、それはまるでザ・ブルーハーツの歌詞のようにとてもシンプルにわたしが「今一番言ってほしいこと」が書かれているのです。小さい頃から自分のことを名前で呼んでいる娘小狸なので、文面をインスタグラムに載せるわけにもいかず少し歯痒《はがゆ》くもあったのですが、ここでなら文字だけなので紹介できます！

　たとえば今年の母の日のカードですが、表紙は幾層にも重なっている立体的な花びらの真っ赤なカーネーションが上手に作ってあって、その中身はこうでした（娘小狸の名前は小狸とさせていただきます）。

「Happy Mother's Day！　小狸を産んでくれてありがとう。ママのおかげで小狸は14年も幸せに過ごせてるよ。これからもよろしくお願いします。いつもありがとう。小狸はママの味方だよ！」と。もー！　何これ！　泣けるー！　最後の一文!!　アカンやつ!!　という感情がわたしの心を支配したのです。何かが揃っているから幸せ、何かが欠けているから不幸せ。日々生活しているとそんな言葉では言い表せないような出来事が突然やってきます。わたしだって、不安になるときはあるのです。誰かに言ってほしかった。自分だけは味方だよって、そう言ってもらうことでとても救われた気がしたんです。不思議といつも一番聞きたい言葉をくれる、そんな娘小狸ですが、わたしもそんな人になりたい。娘小狸はもちろんのこと、誰かにそんな風に思われるような人間でいたいなぁ。それにしても14年間大事にしてきて良かったと、改めて思った瞬間でした。

わたしが娘を産んだ時、おそらくうちの父は男の子が良かっただろうと勝手に思っていたわたしは、「女の子でごめんね〜！」と軽い気持ちで父に言ったことがありました。すると父は意外にも「いや、女の子で良かったよ。女の子はずっとお前のそばにいてくれるからな」と言ってくれました。まだ14年ほどしか外界で共に過ごしていないけれど、ここ最近痛感致します。小さい頃は感覚的なものでしかなかったわたしと娘小狸の関係も、彼女が大きくなった今、わたしの一番の理解者というポジションに拍車がかかってきました。

今年のわたしのお誕生日に、わたしの友達からこぞって「こっちとこっち、亜美ちゃんはどっちのプレゼントが好きだと思う？」というメールがわたしの知らないところでいつの間にか娘小狸に送られてきたというのを、誕生日会当日に知りました。毎日一緒にいるのにわたしは全く気付かずに、もらったプレゼントがどれも嬉しすぎて大喜びしていたのです。すると友達の一人が「やっぱ小狸さすがね！　ママのことよくわかってる。相談して良かった」と言うと、もう一人の友達も「え！　私も小狸ちゃんにＬＩＮＥしてどっちがいいか聞いた！」と言い、わたしの隣ではただニンマリと西田敏行スマイルをしている娘小狸が鎮座しておりました。この小狸、なんせ口が堅いんです。なぜか小さい頃から余計なことを言わないし、子供ならではの疑問はあっても人前ではなく後でこっそり聞いてくるので、非常に助かっています。やはりツアーについてきてもらう場合などはどうしても大人同士の会話や噂話を耳にしてしまいがちなので、すっかり耳年増な娘小狸ですがギャグセンも高めなのでアミユミのくだらない会話も、どこまでが本気でどこまでが冗談かをわかってくれるところも、非常に有難く接しやすい。

しかし思ったのです。こんなにわたしに何もバレることなくサプライズ企画を完遂できるということは、この娘のつく嘘をこの先も見抜けず騙《だま》されっぱなしで余生を送るんだろうか……このままだとリアルに狸に成長してしまう、と。でもこんな素敵な嘘だったら、わたしは喜んで騙されたい！

わたしのインスタグラムに「子育て法を聞いてみたい」という恐縮極まりないコメント

もいただきましたが、一つあるとすれば「手を上げない」ということぐらいです。

わたしは世代的にビシバシやられて育ちました。家ではお行儀が悪いと手を叩かれ、学校では爪の長さや忘れ物のチェックに引っかかれば先生に定規で叩かれ、毎朝一緒に登校している女の子は男性教師に平手打ちされて左耳の鼓膜が破けてました。子供を持つ親というか、大人になった今、よそ様の子供に手を上げるなんて恐ろしいこと、とてもじゃないけどできません。が、あの頃はよくあることでした。地域によるのかもしれないけど、隣のクラスの女の子は鉄パイプで殴られたとかでおでこにガーゼ貼って登校してたり。まぁみんな不良だったんです（わたしは韓国からの帰国子女だったので、彼らとはつかず離れずのいい関係でした）。このように、ケンカとか暴力があまり珍しくない環境にいたわたしですが、大きな声で人を罵倒したり殴ったりすることもなくバンドを始めて、暇な時間はシンナーを吸うこともなく音楽を聴いたりバイクに乗ったりしてました。反抗期もなかったせいか家の中でも比較的穏やかに過ごし、一人っ子を満喫だったので、兄弟とのおかずの奪い合いもなく、より一層暗い趣味（絵を描く・手芸・読書・空想）に精を出す毎日でした。

そんなわたしの子供なので、娘小狸もポケーッとしたまま育つのかしらと思っていると、さすが子供。ちゃんとイヤイヤ期が来て、空港の荷物検査に並んでいる時に今すぐジュースが飲みたいと泣きわめいたり、おともだちに勝手に自分のものを使われて怒り出したり、とにかく怒りの沸点が低い。そんな何もかもが面白くない時期は幼いイトコたちに手を出したりすることもありました。それを見て大人はどうするべきか、と考えた時に、わたしは母に「叩かれたら痛いんだよ！　ほら！　痛いでしょ!?」と言われて、子供が叩くより数倍上のダメージで叩かれる怒られ方をしていたので、それが正しいんだと思っていたけどやっぱりわたしにはできなくて悩んだ時期がありました。そこで、わたしよりちょっと年上で二児の母であるアメリカに住むソウルメイトに相談してみたところ、「私はどんな理由があっても躾《しつけ》であっても子供は絶対叩かないよ。だって、叩いて言う事を聞かせた子は他の人も叩いて言う事を聞かせようとするでしょ？　それがその子の中で正解になるじゃん」という答えが返ってきました。目から鱗《うろこ》でした。確かに!!　と思ったわたしは、怒る時は手を上げることは絶対にしないで、その代わり所構わず切々と説くという方法を選びました。わたしは大抵のことは待っていられるタイプなので、娘小狸が悪いことをしたらとにかく話し合います。なぜそんなことをしたのか、それによって誰が傷ついたのか、それを聞いてどう思ったのか、などなど……。

わたしにとっては初めての子育てで、しかも自分が誰かに対して何かを教えるなんて、そんな大それたことできないとずっと思っていました。親としての自覚というより、人として誰かに何かを教えられるまで勉強をしたこともなければ頑張ったこともないし、得意なこともないし、何よりそんな自信がなかったので、とにかく娘小狸の気持ちが知りたかったのです。何をどう思ったらそんな言葉が出てきたのか。相手のことをどう考えているのか。わたしにとってはそれは叱責ではなく、ただわかりたいから教えてほしいということでした。「うちの子に限ってそんな」ということではなく、娘小狸がそう思ったのは何か理由があるはずだと今でも思ってしまいます。これからもきっとそうです。そしてどんな答えに辿り着いてもわたしは納得するだろうなと思っています。説明が拙《つたな》い部分はわたしの意見を、答えの誘導にならないように少しずつ出して確認しつつ、とにかくその時の心境が知りたいと思ったんです。娘小狸が途中でめんどくさくなってとりあえず謝っとこうみたいになったらなったで、「何がごめんなさいなの？」と聞いてました。そうすると自分で思い出しながら何が悪いことだったのかを考えて、声に出して説明していくうちにわかってくるみたいで、最後にはスッキリ解決元どおり！　でした。

しかしディズニーランドであろうと渋谷のセンター街であろうとわたしは容赦なくそれをやるので、先日14歳の娘小狸に「アレ、ほんとに嫌だった……」と言われました。こうして文字にすると改めて「このお母さん気持ちわる～」と思いますが、きっと答えてくれるんだろうなという信頼感があったんです。どんなに小さくても娘小狸の考えてることが知りたかったし、ここまで人に興味を持ったことも面白いと思ったこともなかったので、一緒にいると飽きないです。共通の趣味やギャグセン、食の好みなど気が合うことが山ほどあるのですが、友達みたいになりたいわけじゃないんです。わたしはあくまでも親なので、どこかで頼れる部分や尊敬してもらえる部分を持っていたい。それに向けてひたすら自分はスキルアップを頑張る。それだけです。あとは民生さんのように「背中を見て育て。技術は自分で盗め」という姿勢です（何も得ない恐れアリ）。

なんて偉そうなことを綴ってしまいましたが、娘小狸マニアにとって、リアルな成長過程を間近で見せてもらえるだけで、大コーフンのめっけもんです。毎日よだれが垂れそうです。

全てにおいて明確な答えが出てスッキリしているわけではないし、わたしも全てを求めているわけではないし、これからは親に言えないことも言いたくないことも出てくると思いますが、そこはもう狸ですから上手に騙してくれることでしょう。うふふ。

（2017年11月号）

24 めっちゃ褒めたるわ！

最近ネットニュースなどでよく目にする記事に、「〇〇の～姿に賞賛の嵐！」とか「自身のＳＮＳで発表！」というものが多く見られるが、そんな記事の多くはインスタグラムからの引用になっている昨今、パフィーの「インスタグラムをやっている方」として、ワタクシのインスタグラムの投稿が先日ニュースになりました。わたしがインスタをやってるということじゃなく、仲良しのシンガーaikoがツアー中に足を骨折したにもかかわらず、お客さんにも世間にも全くバレずにファイナルまでやりきれそうだったので、ドキドキしながらそのファイナルを観に、というか見届けに行って、その時の様子をインスタグラムに投稿したのです。そしたら、「ＰＵＦＦＹ大貫亜美、骨折するもツアー完走したaikoを『プロ中のプロ』と絶賛」というニュースになってました……。aikoのやったことは本当にものすごいことだけど、こうやってわたしなんかのインスタがすぐ記事になってしまうなんて、びっくりな世の中だなぁ。もっと情報源はたくさんあっただろうに。

しかしこの度のaikoのツアー、２０１７年の4月27日から始まったライブハウスツアーなんですが、この骨折事件もありわたしは数回観に行きました。aikoも20年選手なので楽曲も多く、毎回凝りに凝ってる部分があるので気持ちはわかるんですが、毎回毎回初日はめっちゃ緊張してるらしく、それを冷やかしつつ見守りに行ったり、aikoとわたしの共通の友達からaikoのライブに行きたいと連絡が来て急遽《きゅうきょ》のお供をしたり……。そしてホールでもライブハウスでも、とにかく走る！　跳ねる！　踊る！　回る！　なaikoと、aikoの全てを全身全霊で受け入れるお客さんが織りなす夢のような空間なので、毎回思い返すのが楽しいライブなのでした。８月半ばのある夜にaikoから届いた一枚の写真を見るまでは……。

「あみちゃん、今日こけました！　今からレントゲン撮ってきます。いたぃー……。」というメッセージと共に、そこには色づき始めた紫陽花《あじさい》のようにグリーンと青紫の混ざった色で少し腫れている、やっちゃった感満載の白くて華奢《きやしや》なaikoの足がありました。わたしはびっくりして心配の質問攻めのメッセージを送った後少し冷静になり、捻挫《ねんざ》するような箇所ではなかったので、最悪ヒビでも入ったかなと思い、ツアーを延期するかスツールのような少し高い椅子に座って続行するという二択を考えました。実際わたしも数年前に左足首の靱帯《じんたい》断裂というなかなかのやっちゃった経験（なんと、漫画を読んでいて）があり、パフィー史上最も踊ったツアーのラスト２公演を残すのみというタイミングで、延期ってわけにもいかずそれこそスツールに腰掛けて歌ったのでそれぐらいしか思いつかなかったのです。まぁ、わたしが考えなくても今頃aikoのスタッフ陣が死に物狂いで対処法を考えているんだろうけど……と思いつつ、何もせずにはいられなくてずっと最善の方法は何なのかと模索しておりました。送られてきた写真はライブが終わってからまだそんなに時間が経っていなかったので、腫れてくるのはこれからと踏んで、aikoは足を引きずりながらステージに出てきて、きっと座らないで立ちっぱなしのまま歌いきるだろう。でもそんなのメンタル的にも身体的にも負担が大きすぎるし、果たしてそんなベストコンディションじゃない状態でaikoがお客さんの前に立つことを良しとするのか……いや！　それ絶対したくないだろうな！　ないない！　と思ったので、わたしの中では延期が濃厚だったんです。と、こ、ろ、が、彼女が取った行動は……!!

と、「次週へ続く」感を漂わせておりますが、それぐらい引きのある、というか正直引く決断をaikoはしたのでした。それは「ツアー続行。何事もなかったかのように」……確かにそうできたらそれが一番理想だけど、骨折だよ？　無理に決まってるよ！　と思ったわたしなのでした。

　そして骨折してから初のライブ。気が気じゃない亜美、自分との戦いです。そしてライブ後のメール。「最後まで言わずにやれた！」とのこと。でも途中から激痛だったとか、足固めずにテーピングだけとか、恐ろしい文字がどんどん飛び込んできて、わたしはプリプリ怒ったメールを返しました。でもお客さんに気付かせずに頑張ったから今度褒めてと言われ、「そんなん……めっちゃ褒めたるわ！」という、ある芸人さんの「ケンカしながら相手を気遣うカップルのコント」みたいなやり取りをしてしまいました。翌日の足の様子を聞けば「クリームパンみたいで足が美味しそう」だし、その次の日は「色がゾンビみたい」だし、ちっともよくなってる気配がないまま数日が過ぎ、その間ツアーはスケジュール通り激しく入ってくるわけで、その度に「どうだった？　バレなかった？」「うん、多分大丈夫やったと思う〜」というやり取り。ＳＮＳでチェックしてみても、aikoジャンキー（aikoのファンの人たちのことをこう言います）からのアツいコメントの中に「骨折」というワードは入っておらず、「aiko 骨折」でググってみてもヒットせずでした。新潟で骨折してその後も地方公演の予定があったaikoは、いつもなら飛行機で移動していたところも、空港で待ってるファンの子たちに車椅子や松葉杖《まつばづえ》姿を見られないように陸路を使ったり、みんなに心配をかけたくないが為にかけた足への負担は計り知れないものだと思います。そんな移動からのライブ。飛んだり跳ねたり。しかもステージから花道が出てて、中央部分まで走るんです、あの子。歌う時も全身振り絞って歌うから、絶対踏ん張ってるはずなんです、あの子。そんなことばっか考えてたら、居ても立ってもいられず、微力ながら何かできることはないかと思い、スーパーマーケットに向かいました。

そして店中の「カルシウム」表記の、日持ちして調理の手間がかからなくてそのまま食べられるものを探しました。「毎日骨太」という乳飲料を筆頭に、インターネットで調べまくってカルシウムが多く入ってるランキングに従って、煮干しだとか乳製品とかを買いあさり、美味しそうなのは骨も折れてないのに自分の分も買い、スーパーで売ってたクーラーバッグにビチビチに入れ、aikoが地方から帰ってくるであろう日にaikoのおうちの管理人さんに預けて帰りました。この時のわたし、相当ドヤってたと思います。管理人さんもきっとわたしが帰った後「マジあいつキモ……」と思ってたと思います。そしてこの日の夜、カルシウム詰め合わせセットをとても喜んでくれたaikoからメールが来ました。喜んでくれて嬉しい。心配してることをわかってもらえたらもっと嬉しい。そんな気持ちで約一ヶ月、aikoがやると決めたからには全力でサポートする姿勢でいようと心に誓ったわたしは、いつもの100％の自分のステージができなくて落ち込むであろうaikoを励ますべく、下世話でくだらない話をだらだらと書いた、メルマガのようなメールを送りました。もちろんそれについての返事は不要なんですが、お互いお喋りなもんで、つい日々の報告に合いの手を入れたくなっちゃうんですよねー。しかもaikoの文章が面白くて。わたしの悩みを聞いてもらった日には、それはそれは親身になって聞いてくれて、わたしが怒ってる日には烈火の如くわたしよりも怒ってくれて、いつの間にか「ま、まぁ、そこまで怒らんでもさ」みたいな気持ちになるという解消法でスッキリさせてくれるんです。
　そんなわたしたちは、というかaikoは、9月になりこのハプニングバーのような目まぐるしいツアーを終えることになるんですが、続きは次回!!

（2018年1月号）

25 わたしが入院騒ぎ

前回は、脅威の精神力でみごとに乗り切ったaikoの骨折ツアーのお話でしたが、書いてる途中にわたしが入院騒ぎを起こしてしまいました。そして休載というご迷惑をおかけしてほんとにごめんなさい。わたし史上、歌番組中に盲腸になったけどMCの藤原紀香《ふじわらのりか》嬢がノリノリで中断するに忍びなく、番組を全うした後即入院……の時よりも、15年前の出産よりも、はるかに痛くて苦しい体験でした。

２０１７年、12月中旬。前の週から風邪っぽくて、かかりつけの病院で診てもらったところ、やはり少し風邪の症状が出ているとのことで、お薬をもらって点滴をして帰りました。風邪っぽいぐらいなら市販のお薬を飲んで寝るところですが、ライブが控えてたのでちゃんと治しておかないとリハーサルもあるしと思い真面目に処方されたお薬を飲み、自分に厳しく生活していたにも拘《かか》わらず、一向に風邪が治る気配はなく、鼻は詰まるわ痰《たん》は絡むわでリハーサルも不調。空いてる日に再度病院へ。そして先週同様点滴をしてもらって、その数日前からほっぺにできた湿疹《しっしん》が痛かったので、これもひどくならないうちに治さないと、と思いその足で皮膚科へ行き、同じく数日前から歯も痛くってこれも治さないとライブで困るということで、うまいこと予約が取れたこともあってその日のうちに歯医者も、と病院三軒ハシゴしたんです。歯医者さんでは「下の前歯が三本くらいもげそうに痛いんです」と言って診てもらったにも拘わらず、レントゲンを撮っても悪いところは何も写らず、知覚過敏でもなく、原因不明のまま帰され……。別の日にもう一度皮膚科に行ってほっぺを診てもらったらヘルペスの診断を受けて薬を処方され、とぼとぼ帰りました。色んなことは重なるのねぇ、と自己分析して年齢のせいにしたり、なんともやるせない一日を過ごしました。

その翌朝、処方されたお薬を飲んでしばらくしたら、なんだか体がだるくなり、頭がボヤンとしてきてお腹のあたりもなんとなくモヨモヨして気持ち悪い気がして、キッチンの奥にいる母に「ちょっと……横に、なる、ね」と言ったのだけどおそらく聞こえてはいなくて、リビングのテレビの音だけが響いてたのを覚えています。そこからすごい勢いで吐き気と腹痛、というか胃痛かな。ともかく内臓が痛くて、声を出そうにも出せない状態になり、ウンウンと唸《うな》ることしかできないわたしは母を呼ぶこともできず、唸っても呻《うめ》いてもテレビの音にかき消される始末。以前、胃腸炎をやった時も同じようにリビングで倒れて、ウンウン唸ってたら少し痛みが治まったので、母が見つけてくれるまで様子を見ようと思っていたけど、今回は無理でした。悶絶《もんぜつ》！　って、こういう時に使うのかしらってぐらい今まで体験したことのない痛みに、こんな痛い思いしながら死ぬのやだ〜と思っていたら、やっと母が「何やってんの？」と声をかけてきたものの、声が出せない息ができないで震えてうずくまることしかできず、何を聞いても全く要領をえないわたしに「救急車？　救急車呼ぶ？」と問いかけ、わたしは頷きまたひたすら唸るのでした。

フワッと意識が遠のきつつも、痛くて呼び戻され……なんてしてるうちに母がスウェットを持ってきてくれて、着替えを手伝ってくれようとするんですが、体を伸ばすと痛みが増すので丸くなったまま運ばれたいと思っていたわたしは、ヒョウ柄の着ぐるみのようなつなぎのふわふわルームウェアを着て倒れた自分に気付き、さすがにこれではいかんと、頭ではわかっていたけど体が言うことを聞かず……すーごい時間をかけて黒いアンダーカバーのスウェットにヴェトモンのパーカーという、普通に街を歩ける楽チンな格好に震えながら着替えました。ありがとうかーちゃん。

担架に乗せられ救急車に運ばれたものの、目も開けられなかったので何も見えず、救急車の中がどんなだったかも知らないまま病院に搬送され、ただ痛いことしかわからないわたしを色々検査すべく、救急の先生に会うなりまずオシャレなパーカーを脱がされた。これでただの白Tシャツに黒スウェットのすっぴんの44歳になった。痛みでいっそ気絶したいと思いながらも、うっすらと「誰にもPのAだと気づかれませんように……」とバカらしいことも考えていた。一刻を争うというのに。いや、むしろそれはわたしに余裕が生まれたということか。そんなことを0.2秒ぐらいで考えた後気付いたのは、ヴェトモンのパーカーを脱がされたわたしが着ていたのは、「AMIYUMI CHAN」と大きく描かれたパフィーのグッズTシャツだった。気付かれたくないどころか、自己紹介をしてしまっている。

由美ちゃんが以前、「亜美ちゃんて自分のグッズのTシャツ着て寝てて、なんか恥ずかしい」って言ってたのを思い出した。そうか、こういうことか……。軽く羽織れるものを着てこなかったおかげで、検査のために院内を車椅子で移動する際もわたしは恥ずかしげもなく自己紹介をしつつ人形のようにグッタリとしながら各科に運ばれ、そのまま入院することになりました。

そのあとはニュースにもなってしまったように絶対安静ということでパソコンを開くこともなくずーっと点滴してました。異常な数値の肝臓は正常値に戻り、あとは、近所の皮膚科でヘルペスと診断されたのは検査の結果帯状疱疹《たいじょうほうしん》で、顔に出てしまったのでその影響で歯茎と歯に神経痛が残っている感じです。お肉なんかをかじると歯がもげそうに痛かった日が続いたのですが、だんだん薄れていってる気がします。

未だに何が原因だったのか特定しきれてないのですが、血液検査の結果も今では何ともないし、健康体です。年の瀬に向けて本当にたくさんの方にご迷惑をおかけしてしまいました。この連載も飛ばしてしまい……すみませんでしたぁ!! これからはそんなことのないように、健康に気遣いつつ、ストックを持っておく勢いで精進いたします!!

そしてわたしが退院すると同時に、前回のお話で書かせていただいた逆バージョンで、aikoから箱が届きました。中にはたくさんの健康食品と絵本が。そして人知れず骨折していたうちのかーちゃんの骨に良さそうなサプリまで! 自分の骨折の時に色々な方から薦められたアスリート御用達《ごようたし》のやつ! なんて優しい子や。aikoのくれた絵本は韓国人絵本作家さんの可愛い絵の絵本で、関西弁に訳されているものだったので、まるでaiko

が喋ってるみたいで余計ほっこりしました。嬉しかったなぁ。

こんな感じでわたしとaikoはお互いを労《いたわ》り合いながら、将来は縁側に座って延々くだらないことを喋っていようねと約束したので、まだ死ぬわけにはいかんのです。aikoの骨折然り、わたしの入院然り、年齢のせいにもできる微妙な怪我や病気をなるべくしないように日々心がけていかないと、全然関係ないのに年齢のせいにされるんだなーと今回痛感しました（骨折は治りが遅いと思うけど〜）。

まー、健康が一番！　という結論が身に沁《し》みました。何が辛かったって毎朝採血の注射で起こされるのがちょっと……。あとは点滴の針が入りっぱなしで痛いんですよねー。ごはんは美味しかったから良かったけど、上げ膳据え膳で動かない分ますます病気が重くなっていくような気がして、なるべく入院とかしないようにしようと思いました。そしてaikoや由美ちゃんを筆頭に、わたしの女友達は独身の働き者が多いので、彼女たちにもなるべく入院なんてしてもらわないでずっと元気でいてもらわなくてはと思いました。お互いを労ってねぎらって、褒め合って、落ち込んだ日には慰め合い共に怒り、美味しいものを食べて飲んで、楽しくない時間を少しでも減らせるように、たくさんの思い出を共に作っていきたいなと思っています。わたしにはそんな友達がいてくれるので、わたしの人生相当楽しくなってます。

（2018年3月号）

26　娘小狸のお誕生日

東京は3月なのに雪が降りました。その日はちょうど用事があって表参道にいたんです。そしてお寺の境内を見ると桜がちらほら。しかし空を見上げると雪。3月なのに雪って……。みんな衣替えし始めてる時やん。凍えながら用事を済ませて思いました。「韓国に帰りたい」と……。

２０１８年3月。

実はわたしには前歯のよく似た娘がおりまして、名は娘小狸と申します。もちろん正式な名前ではございません。わたしが「大貫」という名字のため、小学生の頃、学校の机に貼られたお名前シールの「大」の真ん中にいつの間にか「﹅」が描かれ、「大貫がたぬきになった～！」という出来事があったからか、わたしはなんとなくたぬきに愛着があり、娘が小さい頃は豆狸と称してＳＮＳなどでお話に出させていただいておりました。この連載もそれがあってこその『たぬきが見ていた』なのです。そんな豆狸は成長していつしか小狸になり、見ず知らずの子供にもとても優しく、酔った大人にも寛容な心の持ち主に育ちました。そして娘小狸は今年の3月で15歳になったのです。毎年頭を悩ませる一人娘のお誕生日。誰と過ごしたいかな、どんなお誕生日会をしたいかな、どんなプレゼントが欲しいかな……などなど2月あたりからわたしは焦りだすのです。小さい頃はクラスのお友達とそのご家族、みんなまとめてマザー牧場からのイチゴ狩りバスツアー（お弁当とおやつ付き）を敢行。スノーボードをやり始めた年からはスノボ仲間とスノボ旅行からの宿泊先でのパーティー。毎回、来てくれたお友達にお返しを用意して、バスの道中では子供たちが飽きないようになぞなぞ大会を催し、パーティーではビンゴや娘小狸クイズを考え、イベントサークルでも作ろうかなと思うぐらいの企画力を発揮いたしておりました。そんな派手なパーティーを数回過ごした娘小狸はK－POPにハマり、憧れの地は雪山から韓国もしくは新大久保に変わりました。そこで母は考えあぐね、娘小狸が大好きな親戚・友達を集め、目隠しをして新大久保のチキン屋さんにサプライズで連れて行くことを計画。わたしの友達に全面協力してもらい、その時娘小狸が好きだったK－POPアイドルのお面を作り、到着と同時に目隠しを取るとそこには娘小狸の好きな人しかいない空間で全員が指ハートを作ってお祝いしてくれる、という夢のような光景が広がっていたのです。娘小狸はとても喜んでくれました。今までのお誕生日で一番嬉しかった、と言ってくれました。それが去年のお誕生日です。そんな去年を超えなければいけない今年の誕生日……もうネタは尽きたかのように思われたところに、実現したら嬉しくてウレションしちゃうんじゃないかなわたしだったら絶対しちゃうな！　というフラッシュアイデアが生まれました。

一応念のため、今年の誕生日の過ごし方リクエストを聞いてみたところ、今年は仲良しのお友達一家とお食事がしたいというこぢんまりリクエストを受け、年頃なのかしら……

と若干出鼻をくじかれた感じになりました。がしかし！　わたしのフラッシュアイデアは実現の兆しが見えてきたのです。

まずは娘小狸のお誕生日の前日。鶴の恩返しよろしく自室にこもり、バースデーカードと共に一枚のカードを作成するわたし。そこにタイミング悪く登場する娘小狸を追い払って完成。それを綺麗な紙で包んでリボンをかけて、翌日娘小狸の好きな中華料理店でお友達一家を招いてのパーティーを開催しました。と言っても派手な演出は一切なし。強いて挙げればお誕生日のケーキの代わりに中国ではおめでたいことの象徴として食べるといわれている桃まんが出てきたぐらいです。この桃まん、本来なら直径30㎝ほどのでっかい桃まんの中に小さい桃まんが入っていて、主役がお客さんに一つずつ配ると幸せをおすそ分け♡みたいなことになるとお店の方に伺ったことがあります（桃まんの様子の詳細はパフィーの「パフィピポ山」という曲のMVをご覧いただけると、大きな桃まんと小さな桃まんの関係性がわかります。是非どうぞ）。しかし今回は小さい桃まんが人数分載った大皿にろうそくが立っていて、なんとなくお願い事をさせてからろうそくを吹き消し、チビ桃まんをゲストに配ったらいよいよプレゼントタイムです。

ありがたいことに皆さんからプレゼントをいただいて喜びを隠しきれない娘小狸を見て、子育てにはこういう喜びもあるんだなぁとしみじみ思いました。直接的ではないものの、自分が大切に育てているものを好いてくれる人が他にいてくれて、生まれたことを喜んでくれるなんて。そんなことを考えていたら、ついにわたしの番がやってきました。娘小狸がウレションするほど喜んでくれる確信があったわたしは、そのプレゼントの中身を見る瞬間を形に取っておきたかったので、まずは携帯を出してムービーを回してからプレゼントを渡しました。娘小狸は薄っぺらいくせにご丁寧にリボンまでかけられた物を、これまた丁寧に開けてくれて（こういうとこ好き！）、昨夜チラッと覗いちゃった鶴が織っていたであろうものを少し不思議そうに眺めながら、書かれているハングルを読んで「え、え、うそ、え、えええええええ!!!」と手で口元を押さえてコーフンし始めました！「まま!! これ!! ほんとに!? いいの？ 行けるの??」と聞くので、ムービーを撮っている身としてこっくり頷くと、文字どおりパァァァッと顔が明るくなり、ウレションレベルで喜んでくれました。多分してたな、ウレション。一体何をあげたのかというと、わたしと娘小狸は2年ほど前から韓国の音楽シーンにどっぷりハマり、毎日K－POPを聴いては新しい情報を仕入れ、一緒になってどの曲が良かっただの誰がカッコ良かっただのと語り合っているのですが、その中でも娘小狸の一番のお気に入りがペンタゴンというアイドルグループのメインボーカル担当のジンホ（ジノ）で、彼のことは本当に毎日何かしら写真を見せてくれたり今何してるのかを教えてくれるので、わたしもジンホのことにめっちゃ詳しくなってます。そんなジンホを何のきっかけで好きになったかというと、毎月1回ジンホが、定期発行される雑誌のように、SNSに更新する「マガジンホ」という動画（このダジャレ感、嫌いじゃない）を、K－POPを掘っている時に偶然見つけ、初めて彼の歌を聴いて「こんなに歌の上手い人がいるなんて！」と感動してそれ以来ずっと好きだというのです。そうなんです。このジンホという若者はべらぼうに歌が上手くて、このマガジンホでは毎月ジンホのチョイスでいろいろな人のカバーをして、ピアノで弾き語ったりゲストを迎えたりして素敵な歌声を聴かせてくれるのです。ピアノが弾けるってのもポイント。ルックスも可愛らしくて、背が小さいので何をやっても可愛く見えるのも娘小狸にはたまらないらしい。まぁ、わからなくはないが今やＫ－ＰＯＰアイドルってみんな背が高くてかっこいいんだけどな。そんな母の思いとは裏腹に、ジンホに恋する娘小狸は毎月マガジンホの更新をそれはそれは楽しみにしているんですが、この度韓国にて、そのジンホのソロライブが開催されるということで、もちろん韓国での開催なので行けるわけもなく羨ましがるだけの娘小狸に、母お手製のマガジンホのロゴ入りライブチケットと航空券がプレゼントされました。

何度も何度もチケットを見ては目がキラキラしていく娘小狸。ジンホのソロライブ。こっそり予約した航空券とホテル。全てがバタバタの中の出来事だったので達成感と充実感が半端なかったです。旅慣れてるとはいえいつも誰かしらの手を借りて旅に出ていたということもありましたが、今回は行ける確証のある日程かどうかということもさることながら、まずライブのチケットが手に入らないとホテルも航空券も取るわけにいかず自分の仕事の調整などもあり、行ける算段がついたのが結構ギリギリでした。そこからの動きはまるでワンマン社長のワガママに素早く対応する秘書の如く迅速で、サプライズだったのでこっそり手配する中でも一番楽しく過ごせるように気を配らないといけないと思い、シミュレーションの毎日でした。そしてジンホのライブに行けるとわかってからの娘小狸はめちゃくちゃご機嫌で、見ていて清々《すがすが》しかったです。

ライブは3月17日。K－POPにハマった母娘《おやこ》の二人旅が始まります。

（2018年5月号）

27　続・娘小狸のお誕生日

愛する娘小狸の15歳の誕生日のお祝いに、大好きなK－POPアイドルの現地ライブを観に行く弾丸ツアーをプレゼントした母の奮闘記の続きでございます。

娘小狸が初恋とも言えるほど大好きなK－POPアイドルグループ、ペンタゴンのジンホ（ジノ）君の初ソロライブを、「ジンホの初めてのソロライブを見た女」略して「ジンホの初めての女《ひと》」に成るべく、わたし（推しメンは別の人）と娘小狸はライブに行けるということがわかってからずっとわくわくが持続したまま渡韓当日を迎えました。

目的のライブは土曜日だったので、週末を狙って渡韓するにはやはり金曜日から行くしかないと計画し、もちろん学校なんか休ませるわけにはいかないので、前日に完璧にパッキングを終わらせたスーツケースを車に積んで、わたしは空港と全く反対側の娘小狸の学校まで車で迎えに行きました。15歳といえどまだ約束の時間通りに現れないことがあるので、今回ばかりはそれを発動させるわけにはいかないという焦りだけがわたしを突き動かし、娘小狸が学校から出てくるのをそわそわと待ちました。そして待ちわびた娘小狸参上！　そそくさと車に乗り込み、一路羽田空港へ！　渋滞情報も経路もチェックして、それでも道を間違えるのが方向音痴！　全て承知の上で時間を早め早めに設定したので、ちょっとのミスはリカバーできる！　高速道路が少々混んでいても、全てが想定の範囲内！しかし空港の駐車場の空きはもう神だのみ！　とはいえ、お財布とパスポートがあって飛行機にさえ無事に乗れればいいという旅にはしたくなかったんです。何故ならこの旅は、生まれた時からお世話をしてると思っていたら、いつの間にかとてもお世話になってる娘小狸さんの記念すべき15歳記念の旅だから、忘れ物の一つもあってはならないという気持ちで、とにかく完璧に楽しませたかったのです。

このとき思いました。わたし、本当に娘小狸のこと大好きなんだなぁ、と。元々好きな人には尽力惜しまない系生物のわたしですが、まさかここまでとは……ってーぐらい好き。そんなことを思ってしまうほど、今回の旅には楽しませたい気持ちと気遣いを詰め込みました。

羽田空港に到着して、まずはチェックイン。わたしが自動チェックイン機を使うと、つい勢い余って余計なボタンを押してしまって初めからやり直す羽目になるので、最近では娘についていてもらったり代わりにやってもらうというポンコツっぷりを発揮しております。機械に弱いわけじゃないんだけど、最後までちゃんと読まないんだな。

チェックインを済ませ、ほぼ空のスーツケースを預けたら「よし、無事ここまで来たぞ」と心の中で確認。次なる課題は「Wi-Fiを借りに行く」だ！　ということで、Wi-Fiレンタルカウンターまで二人で歩いて行き、お店の方にサッとスマホの画面を見せて予約番号を確認してもらうと、簡単にWi-Fiが借りられたので、自分の行動のスマートさにじんわり感動していたのは娘にはバレないまま、この空港に来るとつい行っちゃうお寿司屋《すしや》さんで腹ごしらえ。飛行機の時間は20時台なのでちょうど機内食も出る時間ではあるんだけど、学校から直行だったので育ち盛りの母娘《おやこ》は日本の味を名残惜しむかのようにお腹いっぱいお寿司を食べるのでした。あ、ちなみに旅の行程は2泊3日です。もぐもぐ。

そして定番の本屋さんに寄ってソウルのガイドブックを買い、出国審査を終えていざ飛行機へ！　母プレゼンツのごく普通の旅の始まりです。

ソウルまでは2時間ほどの空の旅。機内での母娘は早速映画をチェック。二人して見逃していた『スター・ウォーズ』の最新作を観ました。しかし飛行機内での映画というのは飛行時間によって、ちょいちょいアナウンスが入ったり安全のためのビデオが流れたりでその度に映像が止まるので、選んだ映画によってはラストシーンの一番盛り上がるところで着陸してモヤモヤしたまま飛行機を降りるパターンがあるんですが、今回もまさにそれでした。最後どうなったのかわからないままのスター・ウォーズに後ろ髪を引かれつつ到着。時刻は22時半くらい。今回の旅のドキドキポイントの一つでもあります、夜の移動。昼間なら電車でホテルに行ってもいいんだけど、ここまでで既に疲れてるのでタクシーで。今まで何度も訪れてはいるものの、大人が自分一人で頼れる知り合いもいない状況は恥ずかしながら初めてでありますっ！　ネットによると「夜のタクシーで不当に高い料金を請求された」という記事を読んでしまったのもあり、少々ケンカ腰で乗り込むべきかとも考えていました。そして韓国のタクシーは海外からの観光客にも優しい「模範タクシー」なるものが存在していて、少しお高いけどそれに乗った方がいいとも書かれていました。でも頻繁に渡韓する友達に聞くと「何でも大丈夫ですよ」って言うし……。とりあえず荷物をピックアップしてタクシー乗り場を探そうとしたら、乗り場は一つしかなく既に長蛇の列。しかも結構寒い。模範タクシーだか何だかなんて選ぶ余地なし。そして今回の旅の目的はジンホのライブの他にもう一つあって、去年わたしの友達が渡韓した時に「ほぼ全員これ着てた！　絶対流行る！」（あくまで個人の感想です）と言って黒のロングダウンコートを買ってきてたんですが、流行るかどうかは別にどうでもいいけどとにかくあったかそうで便利なので買おう！　と娘小狸と気合を入れてたので、日本から来るときは薄いぺらぺらの上着しか持ってきてなくて、タクシー待ちの間めっちゃ寒かったんです……。ここで風邪引いたら台無しじゃん……迎えの車を手配しておくべきだったか……と反省しつつも、娘もジンホのためなら多少の悪状況下ではビクともしないらしく、文句ひとつ言わずでした。ジンホパワー恐るべし。

ようやく乗れたタクシーでホテルのある東大門《トンデムン》まで向かってもらい、英語でチェックインするもフロントの方に流暢《りゅうちょう》な日本語で返されて、お値段の割にとても素敵なお部屋でホッと一息。そしてまた「無事ここまで来たぞ……」と思う母なのであった。しかし我々の韓国旅行は始まったばかり。2泊3日という短い行程でいかに満喫するかというテーマもある。ホテルに着いたからって休んでなんかいられない！　何故、観光しやすい明洞《ミョンドン》じゃなく東大門に宿を取ったと思う？　そう、何故なら、東大門はお洋服屋さんが朝の4

時とかまでやってるから～!!

　ということで、荷ほどきをする間もなく街へ繰り出しました。寒いし、まずはカフェで休憩の提案をすると、空港でお寿司、機内で機内食の娘小狸さんが「小腹が減った。肉が食いてぇ」などとぬかす始末。マジすか……と驚く母に、「中学生の食欲なめんなよ！」と息巻く15歳。これが反抗期か。ということで、ホテルからほど近い、女子中学生なら敬遠するであろうおじさんばっかのおしゃれでもなんでもないサムギョプサル屋さんでお肉とチゲを注文。わしらは一体何をしているのでしょう……。

　お腹がいっぱいになったところで、まずは暖かさ重視で黒のロングダウンコートを探さないと異国の地でジンホにも会えないまま凍死すると思い、求め彷徨う母娘。しかし東大門は主に服の卸《おろし》をやっているのでダウンのシーズンは終わっていて、あったとしてもあまり可愛いデザインじゃなかったので、母娘には凍える方一択しか残されておらず、ファッションビルから隣のファッションビルまでは小走りする始末。それでも楽しいわたしたちは、ビルの上から下までくまなく歩きまわり、ここよりさっきのお店の方が安かったからまた明日行こう等の世の中の大事なことを教えながら、そろそろ笑うだけで腰が痛くなりそうだったので、今度こそ本気でお茶に誘いました。そして、入った店にあったからなのか、それがあったからその店に入ったのか、パッピンスと呼ばれるかき氷（お餅が入って結構ヘビー）を食べました。寒いって言ってんのに。

　そもそも娘小狸はあまりファッションにこだわる方ではなくて、わたしが買ってきたものを結構すんなり着てくれるし買い物嫌いなタイプなんですが、韓国に来るとめっちゃお洋服をじっくり見ては欲しがるのです。そんなおねだり日本じゃされないからわたしも嬉しくなってつい買っちゃう。しかも安い！「悩んでるならお買いなさい」と、聖母のような眼差《まなざ》しで言ってしまうくらい安い。それでも小狸は悩むんですけどそこがまた可愛い。そんな阿呆《あほう》な母娘の旅はまだ1日目。次回にも続いちゃうなこれ。

（2018年6月号）

28　続々・娘小狸のお誕生日

娘小狸とのキュンキュンするバースデー旅行2日目は、何事もなくホテルに辿り着いた安心感の中、ぐっすり眠れた気持ちの良い朝から始まりました。今日はこの旅の一番の目的である、娘小狸が今一番好きなK－POPグループ、ペンタゴンのメインボーカル・ジンホ（ジノ）君の初のソロライブを観る日です。ライブは夕方からなので、放っておけば余裕でお昼過ぎまで寝てるわたしたちにしてはちょっと早起きをして、もう一つの目的でもある「黒のロングダウンコートを買う」をするべく、電車で弘大《ホンデ》という街に行くことにしました。

よく眠れて気持ちの良い朝を迎えはしましたが、ホテルを出ると昨日よりは曇天で、雨も降りそうなどんより感。いつもなら天気のことなんて何も言わないし、なんなら「せっかくジンホのソロライブの日なのに」と落ち込んでもおかしくない天気を目の当《ま》たりにした娘小狸ですが、この日ばかりは違いました。曇り空を見上げて彼女は噛みしめるように「暑くもなく、寒くもない。うん、ちょうどいい」と言いました……。な、なんというポジティヴ発言！　全然どんよりしてるのに！　恋の力ってすごい！　確かに暑くもなく寒くもない！　でもどう贔屓目《ひいきめ》に見てもめっちゃ曇ってるのに！　わたしはそう言って冷やかすつもり満々で彼女を見ましたが、とても晴れ晴れとした、後光がさしてる菩薩《ぼさつ》のような表情をしていたので、今じゃないぞと自分に言い聞かせて一緒に駅に向かいました。

ホテルから駅までは徒歩1分ほどで到着。途中、駅の至る所に娘小狸の好きな他のグループのポスターだったり、ファンがアイドルのお誕生日を祝う看板だったりがあり、いちいちそれらを写真に撮っては楽しそうな娘。そんな姿を見る度に「可愛い♡　連れてきてよかった」とちょいちょい思う気持ち悪い母。そして事前にコンビニで買っておいた地下鉄の乗車カードを改札でピッとして、朝のうちに下調べをしておいた電車に乗り込み、これもスムーズに成功。そして目的のお店の近くの駅までは、降りる駅を間違えないように車内の電光掲示板をガン見。わたしはといえば10歳の頃にソウルに2年半ほど住んでいたので、ハングルの読み方はわかるんですが意味がわからないしヒアリングもイマイチなので、次はどこの駅なのかを車内で確認しまくる必要があったのです。そう、このスキル、意外とこういう時しか発揮できず、いつまで経っても韓国人と会話するまでには至らないという代物です。でも今ハングルの勉強頑張ってます。

お目当ての駅で無事降りることができた母娘は、韓国の地図アプリを頼りに歩き始めました。韓国ではなぜか日本のグーグルマップが使えなくて、あらかじめ専用のアプリをダウンロードしておくというソツのなさ。かーちゃん最高や！　と言われたい。しかし歩けども歩けども、普通のバス通りというか、ファッションビルもなければ商店はあっても商店街はないぐらいの、本当に普通の道路沿いの歩道。女は地図が読めないというのを何かで読んだけど、これはそういうことなのかい……？　と心の中で自問自答するも、母の威厳を保ちつつ迷ってないフリで突き進みました。すると、ピンク色の可愛らしい外観の店構えが、遠くからでも確認できるほどの浮きっぷりでそびえ立っておりました。「もう絶対ココだね……」と話しながら店内に入ると、春先だけあって軽い素材や半袖、ノースリーブ、ミニスカートなどの商品が並んでいて、自分たちの目的を完全に忘れて普通に買い物し始めました。

娘小狸はあまり女の子っぽいひらひらスカートなどを穿かず、インスタ映えとは無縁の世界に身を投じているので、パステルピンクを基調としたこの店内、いささかお好みのお洋服はないように思えたが、うまいこと自分好みのオーバーサイズのポロシャツとかを見つけてきて、「これ可愛くない？」と聞いてくる。正直、「何なんだこの可愛い生き物はっ！」というわたしの気持ちを悟られないようにするのなんて慣れすぎてて容易い。しかし、東京でお洋服を買いに行ってもだるそうにケータイをいじってお店の椅子に腰掛けてるあのコが、こんな姿を見せてくれるなんて……韓国ありがとう。さすがのわたしも「いいじゃん！　きゃわいいじゃん！」とシラスのような目をして答えてしまった。インスタのことなんかふざけて意識しない限りそれっぽい写真は撮らないわたしたちだけど、きっとこのお店はインスタのことしか考えてないんじゃないかってぐらいカワイイ。どこを切り取っても絵になるし、置いてあるものもいちいちカワイイ。今まで何人の自称インスタグラマーが「#おしゃれさんと繋《つな》がりたい」したのだろう。こんなカワイイ内装をデザインした人に会ってみたいとすら思った。そして自宅の一部屋だけをプロデュースしてほしい。落ち着かなくていい部屋を。もしくはアルバムジャケットなんかデザインしてもらうのもいいなぁ。なんて考えながら、証明写真ブースを模したカワイイ空間に入って、娘小狸が自撮りしていたのを見つけたのです。

実は小狸さん、自撮りを初めてしたのが今年のお正月というフレッシュガール。お正月にロサンゼルスに行った時、友達に「今こんなところにいてこんな年末過ごしてるよ〜」っていうのをメールで送りあう状況になったらしく、その手つるんじゃない？　ってぐらい変な角度で撮ってたのがいかにも撮り慣れてない感じで面白かった（もちろん母はこんなチャンス二度とないと思って、初めて自撮りをしてる娘小狸を写真に収めました）。証明写真ブースはやっぱりピンクで肌色も明るく見えるようになっております。そしてカーテンを閉めるとそこはフィッティングルームになるのでした。娘小狸が撮った写真を見せてもらうと、鏡越しに撮ってあって自分の顔がちっとも写ってなかったので、「顔写ってないじゃん」って言ったんです。そしたらあの子「最近はみんなこうやって顔隠すんだよ」って言うもんで、母もやってみました。そしたら、どーしても顔がはみ出るんです。わたしそんなにでっかいのか……と思いましたが、スマホを顔に近づけ過ぎてたんです。いや、ほんとに。

そしてフーディーやらお帽子やら何やら色々買ってレジにて思い出したのです。「あ、黒のロングダウン」て……。しかし店内春夏物で占領されてまして、どこを探しても見当たりません。娘小狸と諦める相談をしながらお会計。しかし、はるばるここまで電車を乗り継いでドキドキしながら探しに来て、似たようなものすら見つけられないなんて！　しかも今夜も昨日ぐらい寒かったら凍え死ぬ！　そう、わたしたち黒のロングダウンコートを絶対買うつもりだったので、薄い上着しか持ってこなかったんです！　やばい！　道は間違えないけど道端で凍えてしまう！　と、思ったのでそこのロングダウンコートの写真を見せながらないですか？　と店員さんに聞いてみました。すると店員さんが「ああ！」と言って奥に引っ込んだので、わたしと小狸は目を見合わせて一筋の希望の光の跡を追いました。そして店員のお姉さんが持ってきた青のロングダウンコート！　え！　青!?　わたしも娘も黒一択だったのでお姉さんにお礼を言ってお店を後にしたのでした……。

さて、目的のものは買えなかったけど、当面の寒さをしのげるものは買えたし、ライブ前にあんまり荷物を増やすのも得策ではないと思ったので、とりあえず少し歩いて繁華街に行ってごはんを食べようってことになりました。次なる目的地は、今回の旅のメインでもあるライブの会場です。学生が多くストリートパフォーマンスで賑わう楽しいエリアですが、そこを目指して、またしても韓国地図アプリを立ち上げる母であった。

（２０１８年７月号）

29　娘小狸のお誕生日　完結編

娘小狸との楽しい旅は、いよいよメインイベントでもあるライブ参戦に近づいてまいりました。場所は弘大。近くに大学があり、学生さんたちや若い人が多く、インスタ映えのスポットや少し珍しいファッションが安く揃うような街です。韓国の、いわゆるオルチャンメイク（もう古いのかしら。知らんけど）と呼ばれるメイクに適したコスメショップなんかもあって大賑わいです。わたしが幼少期にソウルに住んでいた頃は、街といえば明洞や梨泰院だったので、弘大なんて聞いたこともなかったです。ちなみにわたしの母は、主に値下げ交渉に応じてくれるところに生息していたので専《もっぱ》ら東大門と南大門《ナンデムン》でした。時は流れこんなにおしゃれで活気があって楽しい街ができたなんて……。今では韓国に来たら必ず訪れるくらい、わたしも娘も大好きです。

そんな弘大をウロつきながら「何食べたい〜？」「何でもいいよ〜」という会話をして、まるで新婚カップルのようだわとほっこりしつつ、これが熟年夫婦になると「何でもいい、が一番困る。by 主婦」になるんだなと考えてました。優しい娘小狸さんは「お腹空いて何でも食べれるからママの好きなものでいいよ！」と言ってくれたので、母は娘の好きなチキンのお店を選びました。こうやってお互いを気遣い合えることすら日々の癒しになるチョロいわたしです。

うまいことK‐POPの流れるお店に入れたので、店内のテレビを観ながら「あれはどこどこのグループのオーディションに落ちた子だよ」とか「あの人たちこないだプライベートの音声が流出しちゃって大変だったんだよ」など、裏事情にまで明るくなってる娘の成長を頼もしく思っているうちにチキン到着。隣のテーブルには欧米人らしきルックスの女子大生3人組がいました。どうやら韓国に留学に来ている模様。とても楽しそう。もし娘小狸が韓国に留学したいって言ったら、なんて答えようかな……ともぐもぐしながら考えちゃった。母になるということは、楽しくもあり、若干の寂しさも添えられてるということなのだ。程度の大きさは人それぞれだけど、心を揺さぶられながらの平穏無事とはいかない人付き合いがそこにはあるんだなぁ。そんなことを想う今回の二人旅。

食事を終えて、ライブ開始の1時間半ほど前。いい歳して人見知りのわたしは、友達の友達という韓国在住の女の子にコンタクトを取り、ほんの数日前に手配してもらったライブのチケットの受け渡しの段取りをしました。韓国のアーティストのライブを現地で観るには韓国の銀行から振り込むとかなんやらかんやらいろんな事情があるらしく、ちょっと手続きが大変なので現地に住んでる人にお願いすると手っ取り早いということで、今回わたしの日本の友達がやり取りしてくれて観に行くことができました。そしてこの旅の一番大きな山場でもある「会ったことない人とのチケットの受け渡し」の時間が迫ってきたのです。

相手の女の子の写真をあらかじめ友達にもらっていたんですが、ほんとに、マジで、ありえないくらい美人。こんな人普通に生息してるのかい？　って友達に聞いちゃったぐらい。しかもボイン。ほっそいのにボイン。サラサラワンレンストレート。ボイン。顔めっちゃ可愛い。ヴィクシーモデルしてもいいぐらいのスタイルで、女優さんだとしたら北川《きたがわ》景子《けいこ》ちゃんと並ぶくらい美人。こんな美人がチケット持って来てくれるのかと思うといろんな意味でドキドキしちゃって大変だった。

そして約束の20分前にスタンバイ。こぢんまりとした母娘が会場の外でそわそわしてる中、人混みからサッと現れたのはパーカーのフードを被《かぶ》った細身のマスクをした女の子でした。こちらが恐縮しまくるととても優しくチケットを渡してくれて、あっという間に去って行きました。本当にこの為だけに来てくれたのです。でも……でも……露出度が低すぎてなんとなくのスタイルの良さとお顔の小ささしか確認できずだったのが悔やまれます。でもええ人や～！　そして風のように去って行ったので、日本からのお土産を渡し忘れてしまった詰めの甘い母でした。反省。

無事チケットを手に入れほくほくの娘小狸と、ライブが始まるまでお茶をしようと近くのカフェへ。何度もチケットを眺めては「なくしたら大変だからママしまっといて！」「やっぱもう一回見せて」の繰り返し。可愛いが過ぎる。そわそわもピークを迎えたので、ちょっと早めに会場入りしようとしたらすでに長蛇の列。会場が地下にあるためエレベーターに乗るまでの列、そしてエレベーターを降りるとグッズ売り場なのでグッズの列に一度並ばないと会場に入れないっぽいほどの人混み具合。とりあえずチラ見した感じ、今回限定のグッズは無いように見えたので早くも会場に入り、席に座って呼吸を整えるわたしたち。ひな壇式の席の上の方に座り、わたしはようやくここまで来たかという安堵《あんど》にひたりました。

娘小狸はどんな感じかしらと思って横を見てみると、両手で口元を押さえて深呼吸したり動き出しそうになる衝動を抑えて「ママ！　ママ！　今からジンホ来るの？　あそこに来るの？」と聞いてきたりしました。「そうだね、今頃ジンホもドキドキしてると思うよ」とわたし。ああ楽しい。人の喜びがこんなに楽しいなんて。そう考えると、この子はいつもわたしに初めての感情をくれる。無償の愛という言葉すら思い出さないくらい自発的に好きなのだ。それにしても可愛い……。

そしてライブが始まると少し緊張してるジンホ君とそれを見守るお客さん。普段はペンタゴンという10人のグループで活動してるから、メインボーカルとはいえライブで一曲丸々歌うことはあっても、こんな風にずっと一人で歌うことなんてないだろうから、いつもと違うペース配分や喉の使い方をしないといけないし、何よりも誰も助けてくれないから緊張もするでしょう。でもこの会場には娘小狸と同じように、ジンホ君の歌が好きで、ずっと聴いていられる夢のような時間を楽しみにしている子たちが沢山なので、緊張だ大変だなんて言ってる場合じゃないわけで……。どっちの気持ちもわかるので、わたしは誰目線かよくわからない目線で涙が出てしまう涙腺緩めの謎の人でした。

そしてペンタゴンはメンバー間もとても仲良しなので、わたしと娘（と多分そこにいる全員）の予想通り、他のメンバーが数人応援に出てきました。その瞬間のジンホ君の安心した表情、メンバーが最年長を気遣う様子、全てが尊くて……また涙腺緩めの謎の人でした。そしていつもとは違うパートでの歌唱やほっこりするやり取り。現地での開催なので日本語なんて全く話さなかったからMCは何言ってるか全くわからなかったけど、いいもの見ちゃったなー。そしてあのMCわかるようになるぐらいまでハングルの勉強頑張りたい！　と思いました。

全身全霊でジンホ君のソロライブを受け止めた娘小狸は会場を出るなり「ママ！　ジンホがああしてこうして、そしたらシンウォンがこうして……」と、ライブの内容を喋りまくり「うん、ママもそれ観てたから、隣で……」と言われてハッとして、恥ずかしそうに「ママ〜、本当に連れて来てくれてありがとう。もう絶対夏休みまでちゃんと学校行くから！」という当たり前のことを約束してくれました。そしてわたしたちは弘大の街にある大好きなプルコギ屋さんに歩いて行き、ジンホの話をしながらお腹いっぱいになるまでプルコギを食べ、ホテルに戻って、興奮冷めやらぬまままた東大門に繰り出すのでした。最高だな韓国！

こんなイレギュラーな娘への誕生日プレゼントでしたが、わたしも母として、そしてツアーコンダクターとして成長できた良い旅になったと思います。

（２０１８年８月号）

30　ROMPUSができるまで

うちの両親が一時期、仕事の関係で沖縄に住んでいたこともあり、今でも母はその沖縄の家と東京を行ったり来たりしているので実家というとそこになります。なので、わたしにとっての里帰りというか実家帰りは沖縄になるのですが、お盆やお正月の時期に生まれる会話で「実家どこなんだっけ？」と聞かれると少々戸惑いが生じます。というのもパフィーは大阪出身の由美と東京出身の亜美からなるユニットということになっているので、実家がある場所を言うと「え？　沖縄出身？」と聞かれ、説明しようにも両親のことだし、聞いた人もそこまで別に聞きたくないことなんだろうけどどうしよう……とオタオタしてしまいます。しかしわたしにとっては小さい頃から見慣れた家具や、膨大な数の父のレコードがあって、両親が海外旅行の度に少しずつ買ってきたものが並べてあって、そこで育ってきたわけじゃないけど思い出が詰まった物に囲まれているせいか、沖縄の家に泊まるとどんなに明るくなってようが永眠の勢いでぐっすり眠れるのです。不思議〜。普段は6時間も寝てたら寝すぎの域なのですが、最近全然寝られてないので本気で沖縄に行きたいんです。心底疲れてるんだと思う。

沖縄便は高いので行くんだったらちょっと長めに滞在したい。そして気の済むまで寝ていたい……けど、それだけ休みがあるんなら韓国行こうよという15歳の悪魔の囁きが聞こえるんです。うーむ。いつ帰れることやら。でも実家の食器棚を買い替えたりカーテンを替えたりと、実家には手伝いたいことがてんこ盛りなのです。それにはまず娘小狸をクリアしないといけないので、どうやったら一緒に行ってくれるか、どんな餌を撒《ま》こうか絶賛画策中です。ああ楽しい。

うちの両親が住むまで一度も行ったことがなかった沖縄が、一気に第二どころか第一の故郷になりたての頃、父が連れてってくれたのは国道58号線沿いの、アメリカ軍の方々が本国に帰るときに売りに来る家具やお洋服や子供のおもちゃなんかを売ってる、いわゆるスリフトショップでした。わたしも父もアメリカ大好きなかぶれた親子だったので、いつもどタイプのお店に連れてってくれるのです。そこでわたしはその時大好きだったラムチョップという羊のキャラクターのパペットや、日本では売ってないマクドナルドのハッピーセットのおもちゃ、アメリカの子供が持ち歩くであろうスパイスガールズのランチボックスなんかも買いました。大人だったのでランチを入れて持ち歩くことはなかったんですが、普通にカバンにしたりしてました。アメリカにかぶれ倒してたわたしは映画『トゥルー・ロマンス』で主人公のツレのアラバマが持ってたピンクの箱型のバッグが欲しくて探していたんですが、ちょうど大きさがランチボックスぐらいということで、「あれランチボックスじゃん！」と思って持ち歩いていたのでした。実際は入れるものなんて特に無かったのですぐ持たなくなっちゃいましたが。

そんな憧れが詰まったようなお店で、何の気なしに見つけた赤ちゃん服のツナギ。古着なので色褪《いろあ》せているネイビーのボディーはスウェット素材、赤とホワイトのラインが肩から手首と体の横を沿う形でパイピングされており、スタジャンのようなリブ編みの襟が付いていて、胸元にはいかにもアメリカのワッペンが付いてました。当時子供もいなかったどころか想像もしていなかったわたしなので、赤ちゃんのツナギって言ったらいわゆる肌着というか、もっと薄い柔らかい布地でできたものしか知らなくて、とても衝撃的でした。赤ちゃん界に上着のツナギ、いや、アウターのツナギがあるなんて！　あまりの衝撃と可愛らしさに一瞬悩みながらも購入してしまいました。この一枚が、わたしに思わぬ転機をもたらしてくれたのです。

わたしにはお洋服のデザイナーをしている友達が数人いましたが、中でも若い女の子に人気の「キャンディ　ストリッパー」というブランドのデザイナーのよしえは共通の友達も多く歳が近いこともあり、よしえの社交的な性格も程よくわたしの気持ちを楽にしてくれて、あれよあれよという間に仲良くなりました。よしえは社交的なくせにちょっと浮世離れしているので悪い人にも懐かれやすく、わたしのような猜疑心《さいぎしん》の塊がそばで犬歯チラ見せで唸ってないとすぐに傷つけられてしまうので、遠くからでもちゃんと見張って、守ってやらねばと思うのです。

そんなよしえにある日「こないだ沖縄でこういう赤ちゃんのツナギがあって、めちゃくちゃ可愛くて思わず買っちゃってさ。あんなの大人でも着たくなっちゃうよ」と言ったところ、「いいじゃん、それ！　作ろうよ！」というびっくり発言が飛び出しました。こちとら服は服屋で買うもんだと思ってる一般市民なので、よしえが服屋だということを一瞬忘れておりました。「え、そんなことできるの⁉」「できるよー‼」といった感じでとんとん拍子に話が進み、わたしの作りたいものが明確だということもあり、よしえのプロフェッショナルなアイデアと意見も加味されて、これはキャンディ　ストリッパーの皆さんを動かすには十分すぎる企画になるぞ！　ということでわたしたちはお洋服を作るユニットを結成しました。

パフィーの亜美とキャンディ　ストリッパーのよしえから成るお洋服ユニット、名前は「ROMPUS（ロンパース）」。もちろん赤ちゃんのツナギのロンパースと、Romp with us（一緒に遊ぼう）という英語から決めました。わたしは元々お洋服を作りたいというよりは、刺繡をしたりペイントをしたりする方が好きで、デザインはおろかパターンと呼ばれる型紙も作れなかったのですが、そこはプロ集団の精鋭たちが力を貸してくれるというので、とりあえず自分の着たいものの絵を描き、それをよしえがデザイン画に落とし込み、キャンディ　ストリッパーのパタンナーさんがパターンを作製してくれて、ひと針ひと針丁寧に縫ってわたしの欲しいものをわたしのサイズで作ってくれたんです。こんな贅沢ありますか……！　そして他に何か着たいものない？　ってよしえが聞いてくれるもんだから、調子に乗って冬用のフーディーが付いたロンパースとかパイル地のウサギのぬいぐるみチャームとか色々考えてみたら、そこにさらにプロのアイデアも相まって、あれよあれよという間に商品化することになったのです。こうして、ROMPUSはスタートしたのです。

当時のファッション雑誌でキャンディ　ストリッパーの商品が載ってないものなんてないんじゃないかってぐらい人気のブランドだったのと、カニだアジアだサーキットだ言ってたパフィーだったので、素敵なファッション誌で特集を組んでもらうにあたり、わたしは言い出しっぺの広告塔なのでもちろんのこと、一緒にROMPUSの商品を着てモデルをやってくれる人をよしえと探しました。よしえは「普通にモデルさんに頼むより、せっかくあみちゃんがやってるんだからあみちゃんのお友達がいいんじゃない？」と言ってくれたので、第1回目のモデルは仲良しの菅野美穂《かんのみほ》ちゃんにダメ元でお願いしてみたところ快諾！　女優はこんなことしないかと思ってたのに〜！　そして教会での妖しく美しい撮影をお願いしました。そしてROMPUSは男子にも着てほしいユニセックスラインもあるので、メンズモデルも必要でした。わたしの周りにROMPUSのモデルを気軽に頼んで断らないメンズ……いたいた！　ということで、Hi-STANDARDの横山健《よこやまけん》ちゃんにお願いしました。普段そんなこと一切やらないしファッション誌に縁のない人なだけに、周りの友達がざわつきました。それ以来、彼はROMPUSメンズモデルの名をほしいままに特別枠でモデルをしています。

そんなROMPUSはその後わたしの出産があり、本格的に赤ちゃん服も作ることになり、当時は誰も赤ちゃんを持ったことがなかったのでキャンディ　ストリッパーのみんなもてんやわんやだったと思います。今となってはみんな子持ち。そして新しく若い子も仲間に加わったりして、不定期ながら楽しくお洋服を作っています。今年めでたく15周年を迎えたROMPUSは今も冬物を鋭意製作中！　そして経費節減のためメンズモデルは全部友達！　機会があったら是非チェックしてみてください！

（2018年9月号）

31　さくらももこさんのこと

溢れる想い。この言葉がしっくり溶けこむまで、わたしはこの原稿を提出するギリギリの日まで、書くのを待った。まぁ毎回ギリギリの提出に変わりはないのだが、今回は自分の中で綴りたいものが決まっていた。そしてそれは、早すぎても感情だけが先走ってとっ散らかった出来になるのは想像に難くなく、自分の気持ちを整えて落ち着かせる必要もあった。本当はまだまだ考えるだけで心が揺れて騒いでしまうけど、今言葉にしておくべきだと思う。もしかしたらこれはただの備忘録なのかもしれないけど、こうして残しておける場所があるということと、読んでくれる方がいるということは、わたしは書き残しておくべき人間なのではないかと思うのです。文章力に限りはあるが、友人の一人として精一杯、さくらももこさんへの溢れる想いを書いてみます。

我々世代の女子の間で有名な二択といえば、「りぼん派？　なかよし派？」という女の子向け漫画雑誌のツートップ派閥なのだが、りぼん派のわたしは息を吸うようにももこさんのことは勝手に知っていた。わたしは、というより日本に住む女子小中高生は大体知っていた。当時のりぼんは『ちびまる子ちゃん』といい『お父さんは心配症』といい、めちゃくちゃ攻めていた。わたしも小中高とりぼんとジャンプに夢中になり、集英社に操られているかのように散財したが、そのとき読んだ漫画で今の知識の8割が形成されていると言っても過言ではない。それぐらい漫画には助けられている。そんな日常であったちびまる子ちゃんと、大人になって会うなんて思ってもいなかった。

初めてももこさんとお会いしたのは、パフィーも絶好調の超多忙期から一段落した2000年のこと。ももこさんとの対談に加えて一緒に絵を描くという夢のような機会に恵まれたのだ。その頃のわたしは、今でこそ人生経験を積んで上手く隠せてはいるが極度の人見知りというか、誤解を恐れず言うならば、いきなり自分が世間に知られることになって、急に知らない人に見られるようになって、視線恐怖症のようになっていた。なので、いくら好きな漫画家さんとはいえ、初めましての人に対して仕事以上の踏み込み方を知らなかった。そんなわたしを丸ごと包み込むというか全く気にしない様子で、当時のももこさんのアトリエで桜色の鸚鵡《おうむ》が、人間の会話が聞こえないほどギャーギャー騒いでる中、ももこさんとの作業は楽しく進んでいき、気付けばわたしはピンク色の富士山《ふじさん》をアクリル絵の具と指で描き終えていた。そして宝船の上にまるちゃん達とアミユミを乗せたいから描いて～と言われ、プロの絵に混じって普段からよく描いていたアミユミのイラストを描いた。気付けばそれらはプロのレイアウトを経て、さくらももこ編集長の一人雑誌「富士山」第4号の表紙になっていた。

その素敵な作業をした日、ものすごく楽しかったにもかかわらず、わたしはももこさんに電話番号はおろかメールアドレスを聞くことさえご迷惑に違いないと考えてしまい、ももこさんのプライベートライフの一片を担うなんてそんな恐れ多いことできなかった。しかしそんなわたしの気持ちを知ってか知らずか、ももこさんがプレゼントしてくれたピエール・ラニエとのコラボウォッチの木箱の中に、本名とメールアドレスと電話番号が書かれた小さなメモが入っていた。それでもわたしは、絶対にもう一度遊びに行きたいと思っていたにもかかわらず、何かと遠慮してしまい、メールも「送ってしまったらお返事書かなきゃと思わせちゃって迷惑かもしれない」と思うと、たいして頻繁に送れなかったし、わたしもこんな風に考えるめんどくさいタイプだった。

そうこうしているうちにわたしもアメリカでの活動が始まったりとバタバタしてきて、長い北米ツアーに出たりしているうちに月日は流れ、わたしは程なく赤ちゃんができた。今までも新刊リリースの折には楽しいエッセイや漫画を送ってきてくれたももこさんから『赤ちゃん日記』という赤ちゃんの成長を記録していく可愛い本をいただいた。書き込むのが勿体ないくらい可愛いイラスト満載で、眺めているだけでほんわかしてくる。あまりにも可愛かったので、出産を控えた友達数人にもプレゼントして喜ばれた。他の成長記録とは違って、誰もが知ってる漫画家のさくらももこが一人のお母さんとしてこれからのお母さんに一番初めに与えたギフトのような特別感があった。

そして同じ母として、ももこさんが送ってくれた『おばけの手』という絵本を娘に読み聞かせたりもした。娘に響いたかはさておき、この絵本はももこさんが息子と一緒に描いたという夢のような絵本だった。息子は自らを「さくらめろん」と名乗った。わたしはめろんに会ったことはなかったので、本を読むとちょいちょい登場してくる愉快な少年のイメージのまま、ももこさんのイラストのような男の子を思い浮かべていた。そんなわたしとめろんの出会いは実にわたしらしくないものだった。

数年前、うちのマネージャー陣と小説すばるの美人担当編集者野田さんで食事をしていた時、何かでももこさんの話になり、野田さんが以前ももこさんの担当もしていたことが発覚し、コミュ障もだいぶマシになったわたしは久々にお会いしたい！ という気持ちを伝えてもらった。というのも、わたしはその頃とあるスペースで毎週フルカラー四コマ漫画を連載していてものすごい悩み苦しんでいたので、新聞に四コマを寄稿しているももこさんが神様のように見えていたのだ。是非お会いしてお話を聞いてコツを伝授してもらって楽がしたい……楽になりたいと思っていた。この時期のわたしの写真を見ると今以上に目の下のクマが半端じゃなかった。そしてもちろん『4コマちびまる子ちゃん』の背景の描き方とかも参考にしていたので、その辺のポイントや使ってるペンなんかも聞きたかった。そして野田さんのご尽力もあってようやくももこさんと会う日を迎えた。

とても久々だったのに、ももこさんはちっとも変わらずで、うちの娘のことを聞いてくれては「可愛いねぇ〜！ そんなこと言うの！ ねぇ、可愛いよね〜！」と言ってくれた。親戚のそれとも違うその感じは、例えるなら昔ホームステイしてたおうちのお母さんとめっちゃ久々に会った、ような感じか。ホームステイしたことないけど。わたしは変わらないももこさんと余裕でおしゃべりをしてる自分に「もっと早く会いたかったぜ」と思いつつ、今の自分を褒めてやりたかった。それぐらい楽しい時間を過ごせた。そして「さくらももこ＝酒豪」という気構えで行ったので、ももこさんが頼むお酒は全部付き合おうと普段飲まないワインをバカスカ飲んだ。真っ赤な顔しながら美味しいイタリアンをいただき、赤だの白だのどっちのワインが合うかなんてわからずに飲んだ。

そんな中、ももこさんが「あのね、ちびまる子ちゃんのエンディング、パフィーにやってもらえたらなぁなんて思ってるんだ〜」と、恥ずかしそうにわたしを見ながら言った。わたしはもちろん「やりたい!!」と即答した。そんなのやりたいに決まってる。なんなら世界中のミュージシャン全員がそう思ってる。なのにももこさんは「え!! ほんと!?」と驚いていた。そして「よかった〜! パフィーだったらポンポコリンみたいなバカな感じわかってくれると思ってたんだ〜! 嬉しい〜!」と言って一緒にバカらしいものを作るという小2の夏休みの宿題みたいな約束をした。「ああなんてことだろう。こんなことが20年経っても起きるんだ。由美ちゃん! 俺、やったよ! デカイ仕事取ってきたよ!」と、新婚の営業サラリーマンが嫁に報告みたいなことが頭を浮遊していた。そして酒豪のはずのももこさんはそんなにお酒を飲まず、わたしは嬉しくて勧められるがままに飲んだ。嬉しいからちょっとぐらいいいだろうと思って。するとわたしは自分の顔が赤くなり、白くなり、青くなっていくのを感じ、トイレに駆け込んだ。ももこさんに知られたくなくて今まで隠していたが、人生で二度目のお酒飲んでのゲーだ。しかもトイレが空いてなかったらトイレの前でやっちゃうとこだった。ももこさん行きつけの高級イタリアンで。最悪やこいつ。しかしすんでのところでセーフ。最悪を回避。やはり持っている。そんなことを考えながらしれっと席に着いたが、デザートを耳かきですくった程度しか食べられなかったのがいまだに心残りだ。

（２０１８年11月号）

32 続・さくらももこさんのこと

敬愛するさくらももこさんとの会食は、久々にお会いできたのと、素敵なお話をいただいた嬉しさで珍しくお酒に飲まれたわたしを、うちのマネージャーがこっそり心配しているというデザートタイムを経て、終幕を迎えた。トイレに駆け込みすっきりしたこともあって、わたしはももこさんと別れ難い気持ちでいっぱいだった。要は、まだまだいけますよってことである。しかしスーパー売れっ子漫画家にそんな時間あるわけがないのは百も承知だったので、おとなしくバイバイして帰ろうと思った矢先に、ももこさんから仕事場兼ご自宅へお誘いいただいた。「ウチ近いからみんなでおいでよ〜」と全員を招待してくれたのだ。中には初めて会うであろう得体の知れないパフィーサイドのスタッフもいたのに、いとも簡単に自宅の場所を教えるなんて、何かあったらどーすんだももちゃん！ と心の中では思っていたが、数時間一緒に過ごして一緒にバカなことで大笑いしただけで、ウチのスタッフにも分け隔てなく接してくれるその人柄があるから、ももこさんの作品はあんなにあったかくてみんなに愛されるんだなと痛感。一行はそのままさくら邸に向けて歩を進めた。

誤解を恐れず言わせていただくと、正直言って誰と何を話したか覚えていない。場面場面の切り取った絵の記憶はあるがそれがいつのことだったか思い出せない。この後に改めてさくら邸に遊びに行った時の記憶とごっちゃになっている。しかし、酔っぱらいとはそういうものだ。

さくら邸に到着すると、いつもここでみんなでワイワイしてるのであろうリビングの長テーブルに促され、お茶を淹《い》れてくれるももこさんを眺めながら、少しの間その椅子に座るも、わたしはすぐにテレビの前のL字ソファーに移動して、L字の角の短い方にゴロンと横たわり、クッションを抱いておやすみなさいと言った。ももこさんは「好きなだけ寝な〜」と言ってくれたが、本気で寝てしまうには寂しいほどにももこさんやさくらプロダクションの方々とうちのスタッフが楽しそうに談笑していたので、薄眼《うすめ》を開けてリビングの内装やインテリアを見ていた。すると程なくして、一人の若い男の人がリビングに入ってきたので、さくらプロの若者にこんな醜態を見せてしまったか……という自分の不甲斐なさと同時に、自らスカートのファスナーを開け、若者に「おばさんのパンツ見たでしょう?」という古い手口の痴女のようなことを薄眼で考えていた。するとその若者はももこさんに「亜美ちゃん来てるよ」と言われ、一瞬捜し、足元に転がってる得体の知れないお荷物を見て、「えっ、これ?」と言った。仕方ないのでわたしはその状態のまま「いぇ〜い」と力なく言ったら、ももこさんが「それ息子〜!」と言った。それがわたしとめろんの出会いだ。

その家の主《あるじ》が良いと言ったとはいえ、そこのお坊ちゃんに寝転がったまま挨拶して、それがまさかのPのAだなんて……と、今考えれば失礼なことのオンパレードだが、何度でも言おう。酔っぱらいとはそういうものだ。

そんな楽しい夜を過ごした後、楽しすぎてもう一度集まった。高級お稲荷《いなり》さんの素敵なおもてなしを受けた。その夜もとても楽しかったので、今度はウチのバーベキューパーティーにももこさんとめろんを誘ってみた。もちろん我々ミュージシャンのように家に帰れないほど忙しい日と、学校に迎えに行くと「何でお前の親、平日にお迎え来れるの？　無職なの？」と言われるくらい暇な日があるようなスタンスではなく、一流の漫画家は連載の他にも描くものがいっぱいあって、日々締め切りに追われ忙しいに違いないというイメージだったので、もちろんダメ元で誘ってみた。そしたらあっさり「息子と行く〜！」って返事が来た。元々友達を呼んでバーベキューをしていたので、そこにももこさんが加わるという非日常。ワクワクした。そこから、20年くらい望んでいた形のわたしとももちゃんの関係が再スタートした。ウチでバーベキューした後、わたしの仲良しが料理を作っている行きつけのカフェバーのようなお店にももちゃんとめろんも連れて行って、ワイワイ楽しい時間を過ごした。みんなももちゃんが来てくれてとても楽しそうなのが嬉しかった。そりゃそうだろう。盆と正月が一緒に来たぐらいのレア感と多幸感を味わってるはずだ。そして何よりも、ももちゃんもとても楽しそうなのが嬉しかった。わたしはといえば、自分の日常の風景にももちゃんとめろんが入っていることが嬉しくてたまらなかった。そしてももちゃんとの今までのブランクを後悔した。でもやっちゃったもんはしょうがないので、今までの空白の時間を取り戻すように、何かと誘ってみることにした。

しかしお互い多忙の身なので、そこは理解しつつもなかなか会えずにいたがメールのやり取りはしていた。内容はしょーもないものがほとんどだった。わたしとももちゃんの共通の趣味というか、よく出る話題は専らお笑いについてだった。誰々面白いよねーとか、何々ってお笑い番組見たんだけど〜とか、そんな感じである。そんな中、ももちゃんとわたしが推しに推していたコンビの一人が事件を起こして逮捕されたりした。その時はももちゃんと、まるで自分のおかげでビッグになってったと勘違いしているおばさん二人がする残念がり方をしていたと思う。何様な感じもするが、これがファンてもんだ。そんなお笑いの報告やら何やら、折に触れてまた遊ぼうね早く会いたいねと綴りながら忙しく毎日を過ごし、数ヶ月が経った。そして昨年末にわたしが肝機能障害で救急搬送されたこともあり、ももちゃんとのメールは間が空いてしまった。

わたしの病状も落ち着いた頃、(思い出すということ自体失礼で嫌なので猛省しながら)思い出したように自分のライブのお誘いや芸人さんのライブのお誘いメールをしてみた。ももちゃんは何度も元気に断った。が、メールはいつも断りつつ笑っちゃうような内容の元気なももちゃんだった。二人のメールに間が空く前から、なかなか誘いに乗ってこないももちゃんだったが、忙しくて行けないという内容もあれば、体調が良くなくて行けないということもあった。後半になるにつれ、後者の理由が増えていった気がする。思えばその頃は本当に体調が悪かったのかもしれない。しかしそれを気付かせるようなももちやんではないのだ。

わたしはももちゃんの思惑通り、何も気づかないまま日々を過ごしていた。そしてある日、うちのマネージャーから電話で知らせを受けた。突然の訃報だった。でも、よく聞く「話を聞いた時は信じられなくて」という気持ちは不思議と起きなかった。きっと頭のどこかで合点《がてん》がいったのか、信じられないのレベルが宇宙を超えた時空の彼方《かなた》だったんだと思う。それぐらい、無になった。そして泣きに泣いた。

どんなに泣いても止まらないので、泣きながら歌手のaikoにメールした。彼女はわたしの信頼できる友達であり、ももちゃんとも仲が良かった。aikoはいつも忙しいので普段なかなか連絡が取れないのに、すぐ返事が来た。aikoも「信じられない」とはならなかった。二人で淡々とももちゃんについてのあれこれの情報を共有しあいながら、「一緒にさくら邸に遊びに行きたかったね」とか、「さくら先生ってね」などと思い出話をした。ももちゃんが毎年描いてる福絵の写真を撮って送ったら、aikoはももちゃんにもらった作品の数々を動画に撮って見せてくれたりした。aikoの福絵の数はわたしのより大分多く、ちょっとジェラったけど見られてよかった。そんなやり取りの中、「ニュース見たくないね。本当なんだって改めて言われた気になる」とaikoが送ってきた。まさにわたしもそう思っていて、知らせを受けて1週間、全くテレビを見られなかった。もちろん事実は受け止めるし、何なら親しい人の死は経験値が高いほうなので慣れっこなはずだった。でも無性に嫌だった。認めたくないと言うほど子供っぽい気持ちじゃないけど、ももちゃんはダメだった。それぐらい、形容し難い悲しさだった。インターネットのほうがまだ真実味を帯びてなくていいかも、と思いネットサーフィンをしてみたものの、そっちはそっちでスカスカのコメントが目につく。それが無性に腹立たしいけど、ももちゃんはきっとわたしが怒ることなんか望んじゃいないはずなのだ。わたしはどうにもこうにも悲しくて、とにかくじっとしてるしかなかった。じっとしてないと涙がこぼれてしまう状態だった。知らせを聞いた瞬間にめろんの連絡先を開いたが、いつの間にか不通になっていたので解決策を知っていそうな漫画家・尾田栄一郎《おだえいいちろう》氏に相談してみた。わたしに対して「やっぱ母親ですね」と、人を介してめろんの連絡先を聞いてくれた。そうなのだ。わたしももももちゃんも一児の母なのだ。めろんが連絡を絶ったのが故意なのかそうでないのかなんて、お母さんの友達には関係ないしそんなの通用しないんだぞ！　という思いでわたしは図々しくめろんに連絡をしてみたのだが、簡単に繋がった。故意でなくてひと安心した。

わたしは本当はまだももちゃんがいないことを全然受け入れられていない。さも理解しているように取り繕っているだけだと自分で思う。だけど、「すすめナンセンス」というちびまる子ちゃんの曲を歌う度に「ももちゃんがパフィーに書いてくれることはもうないんだなぁ……」と思ってしまう。ももちゃんがパフィーに歌わせたい、パフィーならこのバカな感じわかってくれると思う、と言って書いてくれた歌詞だ。1番から3番まで同じ言葉がなくてほんとに覚えづらいし、唇青かったりズボンが破けたりほんとにバカらしいやと思う歌詞だけど、わたしがいつもももちゃんを痛烈に思い出すワンフレーズがある。

歌詞の引用とか無粋すぎて嫌なんだけど仕方ない。歌の最後の方に「なんとかなるさと山登り　なんにもならずに川下り」というのがあり、うまく言えないけどすごくももちゃんらしさを感じる一節だと思っている。なんにも考えずに挑戦してみたけどやっぱダメで、けどそれを責めるでもなくスイ〜ッと下りてくるという、結果何でもないこの感じ。わたし的には、これがさくらももこなのでは！　と思う。これが最後なんて最高じゃん！

（２０１８年12月号）

33　ネガティヴですが何か

最近テレビを観ていても街の人がＳＮＳに投稿したもので溢れている。自然災害の視聴者映像ならまだしもニュースソースをありとあらゆるＳＮＳから引っ張ってきている気がする。しかも特集やコーナー化して。それが真実かどうかはさておき、街の人の作る映像はとても面白く興味深いものが多いのも事実。しかし、それをアテにし過ぎてるんじゃないかということがひとつ。

そしてネットニュースの小見出しが大体「〇〇のすっぴんに称賛の声殺到！」「〇〇のうたた寝姿に〝まるで天使！〟」「〇〇のツインテ姿、私得！　かわいいが過ぎる！」なのにもいい加減飽きてきた。こう言っとけば流行りに乗ってる感で中高生は騙せていても、世間はそろそろ次の支度をしているんじゃないかと思う。なのに、なんとなく知り合いの人のＳＮＳでは未だに「＃お洒落さんと繋がりたい」というわたしが最もいらないと思ってるタグをつけている。お洒落な人はそんなこと言ってないから一生繋がらないよ、と言ってやりたくなる。

ＳＮＳツールの中でも、わたしはインスタグラムというものをやってはいるものの、たくさんの人が利用しているツイッターというものは公式にはやっていない。うちでは亜美がインスタグラム、由美がツイッターという役割分担ができているので基本わたしは何もつぶやかないのだが、由美ちゃんもまぁまぁつぶやかない方だ。亜美も由美も、ＳＮＳが流行りだす少し前の庶民派アイドル時代を過ごしたので、ファンの皆さんとの交流は主にライブ。皆さんが我々に伝えたいことは、ハガキや封筒に入ったファンレター及び出演ラジオに寄せるメッセージ……といった方法がメインだった。なので、お客さんと直接会話することに慣れていないし長《た》けてもいなかった。ブログのようなものも書いてはいたけど、更新頻度は低く、それについて批判を受けたくもなかったので掲示板以外のコメントも受け付けていなかった。多分、わたしが歌手になるのが小さな頃からの夢でそのことだけを考えて生きてきたような子供ではなく、ノリで流れに乗ってからの苦労しか知らないタイプなので、ネガティヴな言葉に打たれ弱かったからだと思う。我々のデビューは例えるなら、レジェンドがノリで選出したうえ結構な規模の大会のジャンプ台に立たされたスキージャンパーだ。一度も飛んだことがないのに、空気抵抗と揚力・浮力がうまいこと作れるすごくいいスーツを着せてもらって、レジェンドに煽られて飛んでみたらたまたま転ぶことなく着地できたという、そんな感じだ。肝が据わってるというよりは何も考えてないし、先輩に言われたらまずやってみる世代なので飛んでみた、というだけで本当にたまたま着地できただけなのだ。なので「根性見せろ！」とか「これでダメなら田舎に帰れ！」といった言葉をいくらプロデューサー奥田民生氏に言われても全く響かない。けれども見ず知らずの人にわざわざお手紙で批判されたり勝手に不本意な解釈をされて否定されると非常に腹が立った。

由美ちゃんが最初の結婚を発表した時には、お相手が大人気の方だということもあり多少の意地悪なお手紙は来るだろうと想定していた。普段から沢山頂いていたファンレターではあるが、由美ちゃん宛のお手紙を一通開けるとそこにはパフィーの雑誌の切り抜きページが入ってて、顔にめちゃくちゃ落書きをされていた。まぁこんなのも、SNSのないこの時代にはよくあったっちゃよくあったことだ。可哀想に〜なんて思って見せてもらったら、由美どころか亜美の顔にもめっちゃ落書きされていたのだ。ちなみにその時のわたしには世間的に恋愛話はゼロだったので、とばっちり中のとばっちりである。今と違って送る方も住所さえ書かなかったら特定されるような心配はないだろうし、それでスッキリしてたんじゃないかと思う。わたしとしては何故由美だけに止《とど》めておいてくれなかったのか、甚《はなは》だ遺憾ではございますがこうしておもしろ話として語れるので今となっては手紙の送り主に会って聞きたいぐらいだ。もしこのSNS時代にこんな感じのお手紙をもらったら、それはそれで可愛く思えるくらいSNSって残酷なことが多くて、真偽はさておきリアルに感じてしまう。とはいえ自分も利用している側だしそんな時代の嘆き方をしてる場合ではないのだ。

パフィーはアナログ世代なうえに、特にわたしは急に世間に顔が知られるようになり街を歩けば取り囲まれ少々怖い思いもしたので、すっかり外に出ることもなくなり視線恐怖症のようになった時期があった。仕事ではなんとか気持ちを誤魔化しつつ、元々嫌なことは忘れる性格なので滞りなく進んだけど、そんなこともあり、自分が今リアルタイムでどこにいて何をしてるのかを伝えることにものすごく抵抗がある。もちろん、このご時世リアルタイム発信は当たり前すぎて、その人が今いる場所に行こうなんて人はいないと思うし、ましてやわたしがいる場所にわざわざ来たりしないだろうとわかってはいるんだけど、なんか言いたくない。まぁ今となっては、特筆するまでもなく娘と一緒にいることがほとんどだから、声をかけてもらっても気持ち的には余計なファイティングポーズを構えてしまう。母ゆえの防衛本能というか、亜美ゆえの闇なのか……どっちでもある。がしかし、居場所を明かすようなことも今日何をしたかも言いたくないのだ。それぐらい言ってもいいじゃんという気持ちもなくはないが、絶対的に「いや、言う必要なくね?」が勝つのだ。

わたしは自分で思っている以上に全然ネガティヴな人間なのだ。だからこそ人に不快感を与えないように人にはナイスに接したいと思っている。けどそんな気持ちは長時間継続できないし、少しでも嫌な思いをするとあっという間に消灯時間がやってくる。真っ暗になるのだ。ここでビリー・ミリガンよろしく頭の中の他の誰かが出てきて交代してくれればいいのだけど、そこまでセンシティブにもなれない昭和の女。中途半端。そして人との対話が難しくなるのだ。でも、みんなそんなもんだと思っていた。

ところが世の中には悩みのないポジティヴな人がいるのだ。小さい頃から悩みに悩んできたわたしにとって、俄《にわ》かには信じがたい事実。しかし彼らは存在する。けれどその稀有《けう》度《ど》は、ある種霊的なものぐらい目撃証言も少ない。そこでわたしは彼らのことをこう呼ぶことにした。「ポジティヴおばけ」と。

わたしは今まで約二体のポジティヴおばけと遭遇している。彼らの発言は世の中を俯瞰《ふかん》で見るとかそういうレベルでもなく、ただ世の中なんか見えてないのだ。どんなに自分を悪く言われても、言った方の機嫌のせいにできるという「また照れちゃって〜」と言える能力。自然の恵みを感じる瞬間には何の躊躇《ちゅうちょ》もなく出す、常日頃からの自分の行いがいいからだよね！ という承認欲求。そしてそれを微塵も恥と思わないクレイジーさ。何なんだろうあの奔放さ。わたしの中にはないものを彼らは持っている。正直羨ましい。生まれ変わったらわたしもポジティヴおばけになりたい、とすら思う。だけど忘れてはならない。ポジティヴおばけに遭ったネガティヴな人間は、その態度に憧れるようになるまでに長い長い苛立《いらだ》ちを味わっているのだ。だから気安くなりたいというのは、周りの人からイライラされるということが大前提なのだ。せっかく人に不快感を与えないようにしてやっと生きているのにここでそんなへマをするわけにはいかない。なんて考えてるのはきっとわたしのようなネガティヴっ子だけで、当のおばけさんたちは人を苛立たせているとか想像もしてないんだろうと思う。とことん羨ましいぜ！

ちなみにこの手のポジティヴおばけさんたちは自分が非難された時どう思うかというと「この良さをわかってないなんて可哀想」だそうです。うーん、やっぱわたしネガティヴのままでいいや。


（２０１９年１月号）

34　ハングル講座でチャイを　その1

2018年の4月からNHKのEテレで『テレビでハングル講座』という番組にレギュラー出演させていただいてる。実は一人でレギュラー番組というのは、デビューして初めてのことである。そもそもレギュラー番組の、〝絶対風邪引けない〟プレッシャーに耐えられない気がするし、わたしが一度でもお休みしたら全ての予定が狂ってしまう、そんなレギュラーなんて向いてないと思っていた。しかも歌詞はおろかセリフも覚えられない上に、いつも頼りになる由美ちゃんすらいないって……。加えてNGワードの多いNHK。気を抜くといらんことしか言わないわたしにとって、NHKのレギュラー番組なんぞ、得意分野を見つける気すら起きない案件だったのだ。

歌の仕事に就いてもう直《す》ぐ23年が経とうとしている。パフィーの美学というか、約束事の一つとして「やったこともないことについてNOは出さない」というのがある。これはデビューしたての頃、どうしてもやりたくない取材があった時のこと。この取材を受ける意味がわからなかった。そのことについては由美ちゃんも同意見で、わたしたちは一丸となって当時のマネージャーさんにやりたくないと訴えた。するとマネージャーT氏は「キミたちがやりたくないってのはわかりました」と言った後、ハタチそこそこの女子二人を相手に少し身を乗り出し「じゃあ、その理由教えて」と応戦態勢を取ってきたのだ。なんせこのT氏、「重箱の隅を爆破する男」と言われるほどの揚げ足取りで、なんなら揚げてない方の足も取るとの定評もあり、アミユミ一斉に「やばい。負ける」と消沈。ニヤつきもしないT氏の前で悔し涙を流すところであった（泣いてはいない）。

そしてこの一件以来アミユミは話し合い、「一度もやってないことに対してただやりたくない、では大人には勝てない。でも一度やってみて、前回やってみたけどわたしたちには合いませんでした、なら納得してもらえるのではないか」という結論に達したのだ。今となっては「やったことのないこと」のひとつひとつが経験となり、世間知らずの女子二人の成長には十分すぎるほどの「やってよかった」ことが増えていった。しかしながらソロもやってみたのだが、結局わたしはめんどくさがりのテキトーな性分なので誰かと二人三脚状態じゃないと立っていられないということが判明。これはしばらくやらなくていい案件のファイルに入った。ソロワークの難しさ、寂しさ、責任感……全てを経験したからこそ、ソロの人ってほんとすごいと思える。全てのソロアーティストに二人組を推奨しつつリスペクトしているアミユミです。

そもそもこんな人前に立つ仕事に向いてないと思っているわたしが、頼れる人がいないだけで汗が吹き出るわたしが、何故一人でNHKの門を叩いたのかというと、今や完全に趣味となっているK-POPが好きという気持ちだけだった。

NHKのEテレ（3チャンネルって言いがち）に、数々の外国語講座が存在するのは知っていた。それらにタレントさんや女優さんがアシスタント的に生徒として起用されるのを見て、とても羨ましく思っていた。単に「仕事で他言語を習得できるなんて最高じゃん」という気持ちで。毎週それだけ勉強すれば、ちゃんと話せるようになるんだろうなーいいなーと思っていた。そこに、K－POP好きが高じてありがたいお話が舞い込んでくるなんて、わたしの一生分の運を使い果たしたのかと思ったが、まずは面接というか番組の偉い方が会いたいとのことで会うことになった。まずここでわたしの熱意を感じてもらう必要があったので、わたしが幼少期韓国に2年半住んでいたこと、それにより多少の読み書きができること、今の韓国と住んでいた当時の文化の違いや音楽シーンの流れ、K－POPの素晴らしさ等々、わたしがその時持ってる限りの韓国蘊蓄《うんちく》を垂れ流した。その日はそれで終わり、結果は追って連絡するとのことだったので、マネージャーさんたちと就職の内定や大学受験の合否の発表を待つような気分で結果を待ちわびた。こんな風に結果を待ちわびるなんてこと自体、小学生の頃、チョコをつけて食べる棒状のスナック菓子の懸賞にあった「謎のサバサバ」という毛の付いた鉛筆に応募して当たるのを待ちわびて以来の気持ちだった。その甲斐あってか、『テレビでハングル講座』のお手伝いをさせてもらえることになったのだ。

まずは本屋さんに並ぶテキストの撮影からということだったが、ここでわたしは例の肝機能障害により入院してしまったので撮影を延期してしまった。申し訳ない幕開けのハングル講座だったにもかかわらず、延期された撮影には主要スタッフとキャストの方々がわざわざ来てくださって、そこで初めての顔合わせをした。わたしは人見知りが発動する前に申し訳なさがあったので、なるべくヘーコラして過ごした。

そしてドキドキの初収録。まず楽屋に入ってお化粧してもらって、衣装チェック。今やCG合成が当たり前なので衣装の色や素材に気をつけなければいけないポイントが多々ある。ましてやNHKなので、モロにブランドロゴがどでかく出てるなどNG項目が色々あるので要注意。毎回、思わぬ落とし穴があるので大体2~3セットを用意して行った。そして「本読み」という台本を読み合わせていきながらの打ち合わせが始まる。会議室のような空間の真ん中に大きなテーブルがあり、誰かがどこかへ行った時のお土産のお菓子が置いてある。こういうの、ドラマの現場の隅っこで役者さんがつまんでるっぽい感じ！　テレビの収録してる感！　と思って、次からお土産絶対買っていこうと心に決めた瞬間だった。そして昨今のNHKさんはオシャレやなぁと思ったのが、この打ち合わせには必ずコーヒーとチャイが用意されていること。チャイですよ、チャイ。茶葉をスパイスとともに牛乳で煮込むあの手間のかかった飲み物ですよ。わたしの大好きなやつ！　ここではもちろんチャイ一択！

初めての本読みは緊張しながらも、スタッフの方々や一緒に出演する阪堂《はんどう》先生やウィスさんというベテランの方々がとても優しくしてくださった。スタッフ陣は韓国人と日本人と両方いて、日本人スタッフもハングル講座を何期もやられてるだけあって、基本的に話せる感じがした。しかし特筆すべきはウィスさん含め韓国人スタッフの日本語スキルの高さだ。さすがＮＨＫと言ったところだろうか、ものすごい手練《てだ》れ揃えてるな!! というのが第一印象だった。とにかく語彙《ごい》力がハンパない上に、尊敬語謙譲語もきちんと理解されてるので、話す冗談もレベルが高い。日本人でもそんな面白い返しできないってぐらいすごい。仲良くなれる気しかしなかった。そんなことにいちいち驚きながら和やかな雰囲気で終了。わたしにとっては初めての本読みだったので正解がこれでいいのかわからないまま だったけど、頼もしい手練れの皆さんについていくことにした。由美ちゃんのいない心細さはハングル講座のみなさんに頼ることで埋められると思ったのだ。

（２０１９年３月号）

35　ハングル講座でチャイを　その2

ベテラン揃いのスタッフ&キャストで固めていただいた、大貫亜美・初の一人レギュラー番組『テレビでハングル講座』。由美ちゃんのいない亜美に、引き手のいないリヤカーに、この翼の折れたエンジェルに、果たして何ができるのだろうか……。事務所よりもファンよりも、自分が一番そう思っていた。しかし自ら志願して、何なら人見知りのコミュ障を微塵も感じさせないほど饒舌《じょうぜつ》な面接を経てここにいる。とうとう始まってしまった。こうなったらわたしのできることをやるしかないのだ。やるしか。

収録は毎回朝からなので、いつも通り6時に起きて6時半までに娘を起こしてごはんを作って、娘を見送ってからバタバタと自分の支度をしてNHKに向かうところから始まる。もちろん前日までに衣装を揃えておくことが必須だ。この収録でのセルフスタイリングは着たい服を着たい時に着られるという利点もあるが、客観的に見られないのでめっちゃ不安でもある。正直毎回少しでも瘦せて見えればいいとか、CG合成に響かなければいいとかいうのが基本になってくるので大体黒っぽい感じになる。共演者の阪堂先生はしばらく先まで衣装をお決めになっているので、その資料をいただいて季節感などを合わせてみたり、参考にさせていただいた。もう一人の共演者、シン・ウィスさんは毎回どんな衣装で来られるのかその時になってみないとわからないのに、わたしと先生とウィスさんのカラーコーディネートがとても合っていることがよくあるのだ。なんとも不思議。そんな時は、やっぱ気が合うんかなぁと思ってニンマリしてみたり。それぐらい、初めてお話しした時からわたしは、お二人の事がとても好きになっていた。

阪堂先生は、それはそれはとても丁寧な言葉で、こんな「口を開けば悪いことしか言わない」でお馴染みのわたしにも優しく接してくださる。そしていつもとても聴き心地のよい声で、ひどいダジャレを言うのだ。それは第1回目の台本読み合わせの時から始まっていた。阪堂先生はめがねをかけた小柄で可愛らしい女性で、年齢は多分わたしよりほんの少しだけお姉さん。そして経歴的には日本の有名大学を卒業された後、韓国の大学で社会学を学ばれ、大学院の修士課程修了。その後は数々の大学の非常勤講師や、様々な講座での講師もされている。そして何と言ってもその聴きやすく耳当たりの良い声で、NHKラジオでハングル講座もなさっていた。そんなナチュラルボーン講師の阪堂先生が繰り出すダジャレは、内容もさることながら毎回量も凄すぎるので、例えがパッと思いつかないが、レベル的には「布団がふっとんだ」と同等だと思ってもらって構わない。正直言って、いつも不覚にも笑ってしまうのが悔しいのだ。先生に気を遣って笑うとか、そんなつもりは微塵もないし、わたしのギャグセンも衰えていないはず。それなのに何故……そう、答えは一つ。あの先生、めっちゃ数撃ってくる。ひとつひとつは本当にしょーもないダジャレなのに、よっぽど折れない強い心の持ち主なのか、失速することなく一日中かましてくるのだ。もちろん収録中もお構い無しだ。しかも先生本人は誰かを笑かしてやろうとかそういう気持ちで言ってるのではない（と信じたい）ので隣にいるわたしにしか聞こえないボリュームのダジャレも頻発する。これはきっと音声さんとわたしだけが地獄の門を叩かされているやつだ。

阪堂先生は一言で言うならとてもチャーミングだ。そしてわたしの仕事についてもとても興味を持ってくれている。なんならものすごい大スターだと思ってくださっている。スーパーに寄って帰ると言えば驚き、収録の翌日にライブがあると聞いては労《ねぎら》ってくれる。娘が収録スタジオに遊びに来た際には「お忙しいのに子育てもきちんとされて」と言ってくださる。そして再三にわたり娘にお土産をくださったり、本当に心優しい方なのだ。なのに、息を吸うようにダジャレを言う。そして台本読み合わせの時、おそらくご自分で打ち合わせて決めたであろうセリフに疑問を呈し物議を醸す。みんな一瞬慌てふためく。スタッフの若い子に指摘されご自分で仰ったのを思い出す。良かった良かった。というシーンを何度も見せてくれる。かと思えば、本番で言ってはいけないこともよく仰る。ＮＨＫなので流石《さすが》にそれは……とかもお構い無しだ。女優の名前も商品名も、企業名だって出す。カメラが回って台本通りに収録が進んでいる中に容赦なく挟み込んでくる。確実に電波に乗せようとしている時すらある。この辺はもう側《はた》で見ていて清々しい。ただ先生のおかげでスタッフの方々の仕事は確実に増えている。しかし盛り上がったのでプラマイゼロ！とは言い難い超マイナス寄りの、ゼロだ。

そんな先生は、ハングルのプロの日本人なので素晴らしい知識とともに、日本語のプロの韓国人スタッフともものすごーい緻密な翻訳の仕方で納得するまで意見を交換し合う。と、いい感じに言ってみたが要は、ちょいちょい揉《も》めるのだ。

ご存じ、日本語というものはとても微妙な表現や文法があり、きっと他言語にそのニュアンスごとそっくりそのまま翻訳するのは難しい。ましてやこれはNHKの教育テレビ。わたしを含め初心者にもわかるように訳し、説明をつけないとならない。そういうことも考えてくれているからこそ、学習してない文法が含まれている例文を、例とはいえどこまで採用するのか、とか、その韓国語のニュアンスは日本語で言うどの言葉に当てはまり、現在もそのような使われ方をしているのか等、言語学的にどうとかこうとか最早わたしなんかには到底理解できないレベルの話が毎回細かく検討されている。阪堂先生と韓国人スタッフの意見交換は時に白熱し、何もわからないわたしはドキドキしながらひたすら見守り、先生のハングルの知識の凄さもさることながら、ウィスさんをはじめとする韓国人スタッフの日本語力の高さにも毎回びっくりしている。日本人でも使わないような、思いもよらない言葉を発するし、こちらが冗談を交えて普通のスピードで話すことにも、同じスピードで返してくる。しかも注目すべきはそのギャグセンの高さだ。

「同じもので笑うことができれば、その人とは仲良くなれる」という言葉を何かで読んで以来、人見知りのわたしはこれを初対面の人との一種のバロメーターにしているところがあった。そんなわたしが臨んだ初のソロレギュラー番組。日本人以上のギャグセンを持つ韓国人スタッフと、番組をひっぱる隊長の阪堂先生、何期も共にハングル講座で闘ってきたであろう精鋭のスタッフ陣が揃った第1回目の台本読み合わせは爆笑に次ぐ爆笑で終わったのだ。1回目で爆笑し合えるこんな素敵な人たちと1年間も一緒に仕事ができて、なおかつハングルも勉強できるなんてわたし得でしかなかった。

番組は「ハングルサランへ荘」というシェアハウスにオーナーとして常駐している阪堂先生とやはり謎に常駐している管理人のウィスさんが、新たにサランへ荘にやってきた亜美にハングルを教えてくれるという設定だ。とはいえわたしは子供もいるのでそこには通いで来てるという謎のポジションだが辻褄《つじつま》はうまいこと合わせてくれていた。はず。

最初の頃は番組のオープニングに先生とウィスさんのコントみたいなやりとりがあったのだが、いつからかそれにわたしも参加するようになり、ウィスさんの負担が増えてきた。ウィスさんは、ほぼゲーマーだが音楽家でもあるので、歌ってよし踊ってよしのマルチプレイヤーだ。もちろんＫ－ＰＯＰにも明るく、そこそこ年齢もいってるのでわたしの知りたい韓国の情報はだいたい聞けば答えてくれる。そしてご本人曰く「その時恋人がいたらこんなに早く日本語検定受かってない」というぐらい熱心に日本語を勉強した時期があって、毎日毎日日本語を覚えてすごい速さでマスターしたらしい。というだけあって、ウィスさんと話している時、わたしは彼が韓国人だということをすっかり忘れて全く気を遣わないで話ができていることに気づく。これが本当にありがたいことだった。

（２０１９年４月号）

36　ハングル講座でチャイを　その3

わたしが子供の頃に韓国に住んでいたおよそ2年半の間は、日本人学校まではスクールバスで通い、まだ幼かったので常に親といっしょに行動していたということもあり、学校の友達以外の友達はいなかった。言葉の壁問題もありつつ、よく行くスーパーの店員さんとも目を合わせたことがないぐらい韓国での生活に適応できず、コミュ障発動のベイビー亜美には韓国人の友達なんか作ることもままならなかったので、韓国語は学校の授業で週に一度、金曜日の5時間目に勉強するだけだった。週1回の授業をぼんやりしながら聞いているだけでは、大したことは覚えられず（先生ごめんなさい）、ハングルも読み書きはなんとなくできるようになったものの意味が全くわからず、父の仕事先で韓国人に会っても何を話しているのかさっぱりだった。そんなハングルスキルのわたしにできることといえば、バスの行き先がわかるとかそんなもんだった。それはそれで便利だが意味がわからないんじゃ意味がないということがほとんどだった。そしてハングルには「オ」と「ウ」の発音が2種類あったりする。しかも日本語にない発音。この辺の違いはまだベイビー亜美には難しかったようで理解できないまま2年半の韓国滞在を終えて帰国した。

それからというもの、今となっては信じられない話だが日本での生活で韓国のことが話題に上ることもないまま中学高校を終え、英語を勉強するために入った外国語の専門学校では第二外国語でフランス語とスペイン語を選択した。本当に信じられない話だが、韓国語という選択肢があったのかすら覚えていないというか見てなかった。いや絶対あったはず。なんでだろ。ちょっと読めちゃってるだけでもう必要ないってか。まじかよ。バカかお前。今こんなに必死になって勉強してるのに！　あの時選んでたら！　っちゅーかそもそも何で韓国在住中にもっと覚えなかったんだ！　何で韓国人の友達作んなかったのさ！　あの時友達の一人も作ってたら今頃憧れの「幼なじみ」ってやつだぞ！　しかもそれが男の子でめっちゃイケメンに育っててあっちでK－POPアイドルとか俳優になってたかもしれないいんだぞ！　もー亜美のバカ！　コミュ障！　……と、過去の自分に言ってやりたい。それぐらい韓国人の友達がいないのだ。

そんな中で知り合ったハングル講座のウィスさんは、おそらくわたしが初めて色々会話した韓国人で、日本語の微妙なニュアンスも汲《く》んでくれるワードセンスもあり、第1回目の収録からとても話しやすくてギャグセンも高めで気が合って楽しかった。ウィスさんには韓国人の恋愛事情や観た韓流ドラマの話、好きなK－POPの歌詞などなどくだらない質問もたくさんした。日本語としての細かい説明が知りたい時は阪堂先生に聞くと「日本人にはこういうところが不思議に思うかもしれないけどそこは丸ごと覚えちゃっていいかも」だったり「私が韓国の大学にいた時はこんなことがありました」など、痒《かゆ》いところに手が届く的なフォローをしてくださるのでものすごく為になった。

そしてスタッフの方々もとても愛情いっぱいに番組を作っているのが皆さんの仲の良さを通して伝わってきた。わたしは1年間という期間限定のニューカマーだったので「今度入ってきたあいつに苦労して仕事教えたって、どうせまた1年ぐらいしたら結婚しま〜すとか言って辞めるんだろ。だったらテキトーに教えといたらいいよな」みたいなことを思われないように必死に食らいついていこうと思っていた（そしてあわよくばその次の年も……と、結構初期の段階で考えていた）。もちろんそんな意地悪なことを考えるスタッフさんなど皆無で、みなさん本当にわたしのことをスターか何かのように丁寧に接してくれ、褒めて伸ばしてくださった。みなさんのご希望に添えていたかは謎だが、収録、ということにおいてはわたしもベテランなので多少の出来事には動じず、自分にそれなりの経験があってよかったなと思った。艶《つや》っぽい表現で言うと、スタッフの方々とは逢瀬《おうせ》を重ねるにつれどんどん仲が深まっていったように感じたので、収録が楽しみで仕方なかった。中でも、ある韓国人女性スタッフにものすんごい日本語スキルを持つ方がいて、普通に会話の中に「溜飲《りゅういん》が下がる思いよ〜！」とかがぶっ込まれる。お誘いを断る時もただ丁寧に断るのではなく「私の美貌に免じて許してください」と添えてあるのだ。でもこれだけの高スキルなのにわたしの発言を面白がってくれる時はいつも「よしもとみたい〜！　面白い〜！」と言って爆笑している。こういうとこ可愛い。しかし毎度のことながらその人が使う日本語のチョイスに、こっちは頭が下がる思いだ。ちなみにこの方、お料理もめちゃくちゃ上手とのことで、韓国料理教室を開いてくれるといいのにと思っている。

テレビの仕事の大変さは少しばかりわかっているが、朝早くからの収録は出演者よりもスタッフの方が拘束時間も長く準備することも沢山で負担が大きい。何より絶対眠いはず。それなのにみなさん明るくて優しくて、なんだか家族のような、家族経営のコンビニエンスストアのような、一つの目標に向かって協力し合いながらみんなで歩いている感じがとても心強く楽しかった。

収録日は2回分の撮影をするのでだいたい朝から夜までみっちりかかるのだが、1本目と2本目の間の休憩ではお弁当を食べて眠くなって寝るパターンと2本目の予習をするパターンができつつあった。正直どちらも魅力的。しかし眠さを我慢できないわたしにとって予習という選択肢は自然となくなり、「家で予習してくる」という打開策が生まれました。そんなの最初からやっときなさいよと思われがちですが、もちろん台本に目を通してはいたけどわたしの台本だけご丁寧に、先生たちからの質問に対する答えが書いてないので、これは本番で答えるべきなんだろうと察しあまり予習をせずに臨んでいた。しかし回を重ねるごとに覚えることが多くなって勉強は難しくなり、予習どころか復習が追いつかなくなってきた。そして、いつの間にかわたしの自宅のダイニングテーブルの上にはハングル講座のテキストとノートと過去の台本が常に置いてある状態になりました。暇さえあればテキスト広げて収録で勉強したことをノートにまとめ、過去の台本で解説的な先生方のセリフを確認。隣で娘が宿題をやっているので、時間の使い方としてはとても穏やかで良い。そして時折わたしのノートや台本を見ては質問をしてくるので、それに答えられた時が母としても嬉しい瞬間である。娘はK－POPや推しのアイドルの動画で耳からハングルを覚えていくので、わたしのやっている勉強のようにちゃんとした文法でこうした変換があって……ということを教えると初めて「だからあの歌詞ではこうなのか」と点と点が線で結ばれるらしく、母娘でとても楽しく勉強できた。逆にわたしが「この言葉ってもしかしてセブンティーンのあの歌のサビのアレと同じこと言ってる？」などの「K－POPファンなら知っとけよそれぐらい」レベルの質問を娘にしたり、一度で何でも覚えてしまうJKを羨ましく思いつつ、ならば倍勉強するまで！　とこっそり自分を奮い立たせていた。娘に勝ちたいというよりは、質問された時にスマートに答えたいという欲があった。わたしの憧れの要素が詰まった娘にあわよくばすごいと思われ好かれたいのだ。わたし同様、反抗期のない子供なので普段からよくおしゃべりするものの、わたしがハングル講座の生徒になってから更に共有できることが増えて、一緒に遊ぶのが楽しくなった。ハングル講座の生徒役に抜擢《ばってき》していただいたのも、K－POPや韓流ドラマブームの昨今、我々のように母娘で韓国に興味がある人たちが増えているという理由もあったらしいので、まさにそれである。

番組のコーナーの一つにモデルやタレント業をこなすベックちゃんという美大出身の可愛い女の子とわたしが女子トークを繰り広げるものがあって、これも非常に楽しかった。わたしが勝手にベックちゃんの部屋に押しかけて韓国で流行ってることや伝統的なものに対して質問をぶつけるというコーナーだ。このベックちゃんの日本語力もものすごい。会話で困ることはまずないし、ごはんを食べに行ってもおしゃべりが止まることがなくて楽しい。何なら日本のことについてベックちゃんの方が詳しいぐらい。そして時々韓国人スタッフに韓国語の発音を直されててウケた。可愛くて褒め上手で何にでもよく驚いたり感動したりしてくれるので、わたしも含めスタジオにいる全員がベックちゃんのことが大好きなのがだだ漏れていた。

（2019年5月号）

37　ハングル講座でチャイを　その4

ベックちゃんという、真っ白で綺麗なお肌の愛嬌《あいきょう》たっぷりで可愛くて、本人全く困ってないのについ助けたくなっちゃう番組のマスコットキャラ的存在もいて、ウィスさんという、困った時にみんなで頼る芸達者な打たれ強い弟キャラもいて、手に負えないほどのダジャレとＮＨＫではご法度《はっと》のＮＧワードを所構わずぶっ込んできてみんなを困らせる阪堂先生もいて、わたしの自由行動を止めるでもなく上手に扱ってくれるスタッフの皆さんもいて、本当に大好きな番組だった。ここまでテレビの仕事に夢中になったことってなかったかもしれない。きっと由美ちゃんがいない状態であることと、好きで学びたいと思っているハングルのことだからだと思う。わたしにとってはこの番組は、いわば公開プライベートレッスン。わたしの心持ちとしてはただひたすら真面目に勉強するのみ。それを編集マジックによってごくたまにウィスさんとおふざけをしているシーンなどを放映していただいて、さも余裕で韓国語ができているように見せてもらってるが、わたしは毎回頭から湯気が出るくらい必死に覚えている。にもかかわらず家に帰るとスコーーンと抜けてしまうので家での自習は必須。そして視聴者に見られることによってわたしは自分を律し、予習復習をきちんとやる真面目な生徒になっていたのだ。

自宅での勉強スペースになっているダイニングテーブルには、テキストとノートをいつでも確認できるように、傍《そば》に郵便物と読みかけの本と一緒に置いておく。とまぁ何とも真面目で熱心に聞こえるが、実際は物を噛むのもめんどくさくて最近スープばっかなわたしが、これなら思い出すだろうと編み出した勉強法なのだ。題して「常に見えるところに置いておくと、勉強しなかった自分をちょいちょい思い出して自己嫌悪に陥《おちい》るからその前にやっちゃおう勉強法」だ。でも実際はその上にさらに別の本や漫画を積んでしまってテキストが見えなくなってしまう。これ、完全に片付け下手な人の生活。しかしそれは致し方ないのだ。知らんけど。

そして1年間という超絶短い（ように感じた）、生徒としての役目を終える時が近付いてきた。

最後の収録まで数えられるくらいになると、どうやったら卒業しないで済むかマネージャー陣と考えに考え抜いた。賄賂《わいろ》というものに効き目があるのなら、亜美はそっとポケットマネーを包みたい。望まれるのであれば、キラキラ楽しいお店でのシャンパンコールも厭わない。しかし水面下ではわたしの時同様に次の生徒の審査が進んでいて、わたしの寂しさなんかにはこれっぽっちも気付かないほどに番組スタッフは来期の準備に忙しくしていたのだろう。しかしわたしの言い分としては、1年間という期間限定の約束ではあったけどこんな中途半端な状態で路上に放り出すなんて……！　そもそもみんなで住んでたハングルサランへ荘からまだ全然独り立ちできない子を追い出すなんてひどすぎるじゃないか!! うちらそんなシステマティックな、ビジネスライクな仲だったの!? よよよと泣いてみた亜美はここで知るのだった。番組スタッフの皆さんはNHKという巨大組織の中で自分の仕事を全うしただけだということを。

しかし時間は無情に過ぎ、どんどん皆さんに会える回数も減って卒業に近づいていったが、不思議といつもと変わらないスタンスのままただひたすらに勉強している自分がいた。もうすぐ卒業だからと気負うこともなく、どうせもう卒業だしと腐ることもなく。そんな自分がいたことも発見だった。

そしていよいよ亜美の卒業スペシャルということで、韓国に実践しに行くのだった。

今まで勉強したことをちゃんと覚えていればある程度の会話はできるはず! そう思いながら事前に頂いた台本に目を通すと、これはテキトーなことを話して「知らんけど」って付ければいい類の会話ではない上に、知らない言葉がたくさん盛り込まれていて、正直めちゃくちゃ焦った(これは丸覚えできる量ではない……ちゃんと単語の意味と文法を理解して喋らないとえらいことになる!!)。わたしはその夜、蠟燭《ろうそく》の火を消す代わりにLINEという文明の機器で、一人の頼れる男をトッケビ(精霊)のように呼び出した。その名は、シン・ウィス。そう、番組でもお世話になりまくってるウィスさんだ。

そして自分の持つ疑問を細かく投げつけ、きっとウィスさんも「お前全然覚えてないやんけ」と呆《あき》れていただろうに、根気強く付き合ってくれた。そこで勉強したことをきちんと復習して、飛行機の中でもメイク中でも、片目ずつでも台本を読んだ。それぐらい緊張したのは、高校受験以来こんなにちゃんと勉強の成果を試すなんてことがなかったからかもしれない。専門学校は推薦で入っちゃったし。サーセン。兎《と》に角《かく》、久々に自分の真価が問われる状況に直面して、大好きな韓国に来たっていうのに恐ろしいくらいテンションが凪《な》いでいた。なんならちょっと帰りたかった。そして日を改めて娘小狸とキャッキャしながら来たかった。街に流れるK－POPを共に口ずさんで踊りたかった。初めてちょっと寂しいと思った韓国旅行だった。しかし！　感傷的になっててもドキドキタイムはやってくる！　こうなったら気持ちだけでも前のめりで行こう！　と、現地の人と上手に楽しくお話しするために覚悟を決めたのだった。最初のロケ地は仁川《インチョン》の方にある「童話村」。街全体でありとあらゆる童話にまつわる絵が家屋の壁や塀に描かれていて、カーブミラーからベンチから全てがファンシーに作り込まれていた。今の時代にはとても適した写真映えするスポットがそこらじゅうにあって、わたしも色々撮ってみた。でもそこで暮らしてる子供たちももちろんいて普通に外で遊んでいた。こんなファンシータウンに住む気持ちを聞いてみればよかった。童話村ではカップルとファミリーにお話を聞くことができた。心配していたより楽しくお話しすることができたし、多少ゆっくり話してくれてはいるものの、何を言ってるのかがなんとなーくわかってきてて、中途半端なトコで卒業なのにこんなに効果があるなんて……と思ってしまった。余計卒業したくないわ。

そして、ソウル市民の台所と呼ばれる広蔵市場《クアンジャンシジャン》での買い物やTHE BOYZというK－POPグループのアイドルたちへのインタビューを終えて、亜美の卒業旅行は幕を閉じた。

わたしがこの番組を通じて1年間で学んだことは、今まではなんとなく覚えていた単語や活用の仕方や発音が、大人になったからこそ深い理解で得られたことと、大人になってからの強制ではない自発的な勉強の楽しさだろう。努力したことがちゃんと実を結ぶ喜びは、子供の頃は毎日得られたかもしれないけどその時は気付くわけもなく、大人になると動機はどうであれ自分次第でしかないので、喜びもひとしお。それが娘の役に立てそうなことならなおさらだ。『テレビでハングル講座』には本当に良いきっかけと素晴らしい機会を与えていただいたと思う。この番組を卒業したことで、確実に新しい亜美が出来上がった。

ここから先は何度も言うように自分次第。わたしは卒業の日、スタジオで「絶対韓国語教室に通って勉強を続けます!!」と色んな人に言った。卒業して数ヶ月。K-POPのライブに行っては「あの子たちみんなどんどん日本語上手くなるなぁ〜。てことは、わたしが覚える必要なくない?」と思う。だからと言って自分でも勉強しないと本当に勿体ない。幼少期の二の舞だ。しかしいまだ韓国語教室にも通わず、相変わらずK-POPを聴き韓流ドラマを観て過ごしている。飛行機に乗った時は韓国映画を選んで観ている。韓国語勉強アプリも入れた。あとは実践ということで韓国旅行にも行った。ただ、教室には通っていない。あんなに言ったのに。

もう自分が真面目なんだか不真面目なんだかよくわからなくなってきた。

（2019年6月号）

38　受け継がれるもの

日本が新元号になる前日、テレビではどこのチャンネルも退位の礼という歴史的瞬間を映そうとしていた。もちろんわたしも例外ではなくテレビを観て、あと少しで終わろうとしている平成を母と見つめていた。そう、見つめていたはずだった。うちは普段からずっとテレビが点《つ》いている家庭で、観ているようで観てないような、誰かしらが観ているような感じだった。それ故に、テレビが点いているということですでに令和を感じて満足していたのか、退位の礼が始まった頃には、すっかり忘れて二人でニトリに出かけていた。そう、誤解を恐れず言わせていただくと、興味がな……くはないけど忘れっぽいというか、えーとなんだろう。流れに身をまかせるタイプっていうのかな。細かいことは気にしないワカチコワカチコなタイプっていうのかな。要は、気がついたら退位の礼は終わり、元号が変わってたのだ。うむ。そんなことに気付いたわたしと母は、驚くでもなく「いつの間にか変わってたね〜、あんなにテレビ観てたのに〜。ウケる〜」というライトな会話で新元号を迎え入れた。

　やや他人事《ひとごと》のようだが、わたしが持つ大貫家の印象は良く言えば「流行に左右されない。乗っからない」、悪く言えば「世間に関心がない。世間と話が合わない」である。他人事のようだと始めるあたり、わたし自身もなんだかドライというか関心がない最たるものな気がする。母・弘美《ひろみ》においてはコアラが大ブームになってお菓子にまでなった時でも「コアラ嫌い。全っ然可愛くない!!」と言い切り、将来は動物に携わる仕事がしたいと思っていた動物好きなわたしの幼心は傷ついた。でもよく見るとコアラが可愛いのはフォルムだけのような気がして、将来の夢の変更、さらに世の中を知った時でもあった。ちなみに父と動物の思い出というのは特になく、嫌いじゃないんだろうけど動物のことを可愛いと言っていた記憶もない。しかし家ではプードルを飼っていたので、犬嫌いというわけでもない。でも父がお散歩に連れて行ってた思い出もない。ただ、プードルを片手に抱き、もう片方の手はフワフワの毛ばたきで車を撫《な》でていた。父は根っからの西洋かぶれなのだ。

もう一つの父と動物の思い出は馬だ。小さい頃から、家族旅行をした際には、湖畔によくある乗馬体験などを率先してやらせてくれた父だが、馬が可愛いからとか好きだからとかではない。父は競馬をしないのでその手の馬好きでもない。ここでも西洋にかぶれていたのだ。そう、ただの西部劇ファンだ。父は幼いわたしにジョン・ウェインを重ねて見ていたのだ。手綱を引いてるおじさんなんかが透けて見えていたに違いない。父の目には、自分によく似た愛娘《まなむすめ》が、湖畔の瑞々《みずみず》しく茂った木々の間をパカランパカランと頭の大きなポニーに乗ってやってくるのではなく、あの西部劇スター、ジョン・ウェインが荒野を颯爽《さっそう》と馬を駆って来たように見えていたに違いない。そんな父も世の中で流行っていることにさして興味もなく、仕事から帰った後のプロ野球ニュースや大相撲ダイジェストで一喜一憂していたぐらいの印象しかない。

父はホテルオークラに創業から勤めていたので、ビートルズのジョン・レノンが家族でオークラに滞在していた際、息子のショーン君のお世話をよくしたからという理由で、ジョンからイラスト付きのサイン色紙をもらっていた。そんなすごいことを、パフィーになって自分の番組でお宝を持ち寄るというコーナーの為に「何かウチにお宝ない？」とわたしに言われて散々考えた挙句、苦肉の策として思い出したような、それぐらいのズレを持っている。何故スッと出さないのさ、と問い詰めてみると「ホラ俺、ビートルズよりカントリーだから」らしい。確かに、なるほど納得のお醤油のシミがそのサイン色紙には付いていた。ジョンから色紙をもらう時に「困ったら何かに役立てて」と言われたらしいのだが、お醤油のシミ付き色紙が何かの役に立つには保管状態の悪さが悔やまれる。

このように大貫家はある意味時代に流されない生き方をしてきたので、新元号の生まれる瞬間に立ち会えなくても、あんな感じなのだ。そして最近よくワイドショーなんかで見る2020年に開催される東京オリンピックの開会式やらのチケット問題。アレもそんな感じだ。チケットは早くもプラチナチケットになっていて、観たい人が大勢いる。

驚いたのはうちの由美ちゃんですら開会式を観たがっていたのだ。あんなに浮世離れした、「無」の境地にいる由美ちゃんなのに「せっかく日本でやるんなら観たいじゃん」と言っている。恐るべし東京オリンピック……。わたしも日本国民として自国での開催はすごいことだと思うし、参加したい気持ちがないわけじゃないけど、観るために何かをするかといわれると何もしない。何の競技が楽しみですかと聞かれても答えられない。しかし点けたテレビで陸上短距離走をやってたら観る。どうですかこれぐらいの温度。ちなみに母もこんな感じ。日本国中が熱くなっている今、ひと家族ぐらいこんなのがいてもいい気がする。誰にも迷惑かけてないし。しかしあまり大きな声で言うと「え！　何で観ないの!?」と詰め寄られるから、そっと時間が過ぎるのを待つことにしようと思う。

思えばうちの両親は「宿題は？」とは聞くものの、「勉強しなさい」とは言わない親だった。そもそも本が好きな母なので漫画を読んでいても特に咎《とが》めたりもせず、一緒に『ガラスの仮面』や『王家の紋章』を読んでいたぐらいだ。むしろ宿題やテスト勉強をしていると「ねーねー、勉強なんてやめてさ～、遊ぼうよ～！」と言ってくる母だった。父においては……本を読んでる姿は思い出せないが新聞をよく読んでいた。ホテルマンたるや世の中の流れをつかんでおかなければといった感じだろうか。しかし宿題の相談をすると決まって「ママに聞きなさい」と言っていた。優しい父なのだが、面倒臭かったということにしておこう。その代わり母は宿題だけでなくわたしがする質問にはものすごくきちんと答えてくれていた。特に国語や漢字はめちゃくちゃ強かった。これは本を読んでるからに他ならないという実感があったので、わたしもなるべくたくさん本を読むことにしようと小学生ながらに思った（繰り返すが、父の読書姿は記憶にない）。母が物知りだったり漢字をスイスイ読んだりするところをとてもカッコイイと思っていて、わたしもそうでありたい、それ以上でありたいと思い今に至るので、娘からの質問には作業の手を止めてでも全力で答えたいと思っている。これは自分なりの子育てに対する姿勢というか、こだわりというか、母から学んだことであり継承してるつもりの一つである。

そんなわたしも今となっては読書する時間もめっきり少なくなったが、先日とある出版社の方とお会いした際にその方が熱く語っていたノンフィクションの本があまりにも読み応えがありそうだったので、その場でポチった二冊がリュックの中に控えている。

それともう一つ、著者の前田裕二《まえだゆうじ》くんとここ最近続けてごはんを食べたり話したりする機会があったのと、友達が絶賛していたこともあって『メモの魔力』も控えている。確かに前田くんはケータイに何やらメモっていた。まだ読んでいないのだが、わたしもメモを取る。昔から歌詞のアイデアを書き留めておく癖が付いている。しかし、最近は専ら「買うもの」と「やること」をメモっている。書き留めておかないと綺麗さっぱり忘れちゃうからだ。前田くんファンの友達に言わせると前田くんのはただのメモじゃなく、ビジネスにつなげるキーワードだったり出会った人の名前だったりするらしい。わたしのメモはチラシの裏で事足りるやつだ。そしてメモすることは大事と言ってるに違いない前田くんの出現により、いよいよメモらないといけなくなったおばはんたちが救われていることを、次に会った時にお礼と共に伝えたいと思う。

（２０１９年７月号）

39　わたしの子育て

一人っ子のわたしは、一人でいることにさほど寂しさを感じない。一人でいても寂しくないわたしだが、一人で大勢の待つ場所に行くのは苦手である。友達のブランドの展示会や誕生日パーティーなどの「行けば誰かしら知り合いがいる」という状況が非常に苦手だ。だったらいっそ誰も知らない言葉も通じない場所に行く方がマシだ。「誰かしら」の知り合いの程度が心配なのだ。一緒にいて楽しい友達だったら嬉しいけど、話すことがない程度の知り合いしかいなかった場合、「人、いっぱいですね」「今日、雨降るみたいですよ」などという当たり障りのない会話をしなければならない。とんだ地獄絵図である（って言ってる自分の何様加減にちょっと笑えてきた。コミュ障全開だ。いい歳してほんと恥ずかしい。へへへ）。

昔は父と母がよく遊んでくれたから楽しかったが、大人になった今は考えることも多くて一人になる時間が必要なのだ。かといって自分探しというテイで一人旅をするほどの一人好きでもないし、旅なんかはできれば仲のいい友達と感動を分かち合いたいし、ケータイとかWi-Fi環境があったほうが寂しくなくていい。けど、一人でいたいときはあるのだ。一人になりたい時に居ても邪魔だと思わない、というか気にならないのは唯一娘だけかもしれない。でも、何かと話しかけてもくるし、お腹が空いたと言われたらごはんを作らなきゃいけない相手で、考え事も作業も全て中断されるのに、ちーとも邪魔に思わない。不思議なもんだなぁ。これが無償の愛というものなのだろうか。世の中のお母さんてみんなそんな感じなんだろか。もちろん手が離せない時はある。そうすると「おっけー」と言ってずっと待ってくれる。そんなには待たせないようにしてるけど、こういうところが娘小狸の良いところの千個あるうちの一個だからか。しかし思えば小さい頃からそんな風に育ててきたんだった。子供はワガママを言うものであり、待てないのが子供だ。もちろん娘小狸もそんな子供だったけどわたしはその都度「ちょっと待っててね。あとで『必ず』聞くからね」と言っていた。そして待たせた分以上の約束を果たして、「ね。ちゃんと待っててくれたらママ絶対聞くでしょう？　だから待っててって言われても怒ったり嫌がったりしなくていいんだよ。あとで必ず聞くんだもん」と話し合っていた。すると安心して「ほんとだね！」と言ってくれる。ああ可愛い。

別に聞き分けのいい子になってほしいわけでも、ワガママを言わない子になってほしいわけでもなく、話せばわかる奴になってほしいだけなのだ。正直言ってわたしは要領も悪く忘れっぽくて、めんどくさがりなので全然きちっとしてない。片付けも苦手だし掃除だってしなくても死なないと思っている。〝趣味は掃除〟の由美ちゃんにコツを聞いても「元ある場所に戻すだけ」と言われるが、元々しまってないし戻し忘れるから意味を成さない。学校からの連絡もザッと読んで忘れちゃうし、こういうところは本当にだらしがないと思う。反省ばっかしている。そんなわたしの子育てを、先日10も下の教育熱心な従姉《い》妹《と》に「教育方針がずっと謎だった」と言われ、自分の教育方針というものを初めて考えてみた。

まず最初に思ったのは、教育方針て決めなきゃダメなんだっけ？　だった。そもそも教育方針て何だ？　「うちの子はこういう子になってほしいからこんなことをやらせる」とかそんなこと？　ちょっとネットで調べてみよう。ふむ。「子育てで目指すゴールは何か」とある。わたしはふと従姉妹の言葉を思い出した。「ウチは親が放任主義だったから私は結構大変だった。だから自分の子供にはそんな思いさせたくないから、ちゃんと自立した大人になれるように考えてる」。つっこみどころが沢山あり過ぎて即座に聞き流したが、彼女の場合「子育てで目指すゴール」が「自立した大人」なのだろう。だからわたし同様片付けが苦手な娘小狸を「自立した大人になれない」と気の毒に思っていたのか。そりゃ片付けも掃除もできた方がいいに決まってる。でもそういうの苦手なまま大人になったわたしは、果たして自立してないのかしら。ちゃんと自分で稼いで生活できてるよ？　もちろんそれだけじゃないだろうけど、じゃあ自立した大人って何？　である。

そしてうちの両親もわたしに教育方針を振りかざすことなく育ててくれた。あるとすれば、「ホテルオークラの味も、江の島の屋台のおでんの味も、どちらも美味しいってことを知っておきなさい」ということぐらいか。わたしは両親に育てられたのと同じように自分の経験でしか娘を育てられないのだが、教育方針なんて決めなくてもその子に合ったやり方で、その時々の悩みや相談に向き合えばいいんじゃないかと思う。

そしてわたしが子育てにおいて心に決めてることは、以前も書いたかもしれないが「手を上げないこと」である。痛みで支配したら、子供は「人は痛みで支配できるもの」と思ってしまうからだ。すなわち、お友達にも暴力で言うことを聞かせる子になるということ。わたしは自立うんぬんより、こっちの方が百万倍大事なことだと思っている。別に昨今の幼児虐待とか少年犯罪の低年齢化に警鐘を鳴らすとかそんなんじゃなく、ただ普通に、子供は親の真似するしかないのに親が叩くのはよくてお友達叩いちゃダメなんて理解できないと思うよって話なだけだ。

振り返ってみるとこういうことがわたしなりの教育方針だったのかもしれない。けど、それってどこの家庭でも違いがあって他人が口を出すことではないと思っているので、言わなくていい程度のことならどんなに近しい仲でも何も言わない。自分の子育てが完璧じゃないのは重々承知の上だけど、うちの娘にはこれでいいと思っている。わたしなりに編み出した、うちの娘に合った生活スタイルであり、育て方である。16歳だけど自分で起きられないし、片付けも苦手だし、食べたら食べっぱなしでそのままソファーに行くこともある。自分の家では靴も揃えない。言えばやるけど言わないとやらないことも多い。これが良いことだなんてわたしも娘も全然思ってないけど、そんなのいつか自分でピンチに思ってやる時が来るさ。好きな人ができた時とか、友達と暮らすようになった時とか。

それよりもわたしは娘がびっくりするくらい優しい子に育ってくれてて嬉しい。こんな素敵な子の成長をすぐそばで見られるなんてこの上ないしあわせだ。

　娘がまだ小さい頃はいろんな人に「一人っ子だと可哀想じゃない？」ってことをよく言われたが、ちょっと待っていただきたい。わたし一人っ子なんですけど。全然楽しく過ごせてますけど。と言いたかったが兄弟姉妹の中で過ごしてきた人たちはそう思うのも無理はないのかな。実際、親のことで悩んだり相談したい時に誰も分かち合える人がいないのは確かに辛い。これ最近わたしがよく思うことでもある。友達に相談しても100パーの理解は得られないし、これを自分の娘も体験するのかと思うとちょっと可哀想だなと思う。

　でも、親として一人っ子の我が子を可哀想と思うかと言われたら、それは違うんじゃないかなぁ。もちろん娘小狸が妹や弟とワイワイやってる姿を見たら可愛さ倍増だろうなと思うけど、でもなぁ、違うんだよなぁ。一人っ子は決して可哀想じゃないんだよなぁ。それこそ感じ方は人それぞれ。大家族で育ってきたら一人だけの空間は寂しいかもしれないけど、我々一人っ子族は兄弟姉妹のそれを上回る一人っ子ならではの魅力と慣れがあるから全然大丈夫なんです！　だからほんと、心配しないで！


（２０１９年８月号）

40　ハマらない理由がない

「パフィーの多趣味の方」で知られるわたしの趣味の一つに釣りがある。古くは町の小川でメダカを獲《と》り、よっちゃんイカでザリガニを釣るという、まさに昭和の団地住まいの子供にありがちな導入だった。生まれてから10年ほどは町田に住んでいたうちの家族と、アウトドア趣味の母方の叔父とでよく相模原《さがみはら》のフィッシングパークに行ったのが、初めてのちゃんとした釣りだったと思う。叔父は自分で毛針を作ってフライ・フィッシングを楽しむような人で、叔父の部屋に行くと毛針作りで使う羽根や動物の毛のような細々《こまごま》した物で占領されている机があって、傍らにはギターやレコードも置いてある。バイクや車も好きで、おおまかなジャンルわけをすると、所《ところ》ジョージさんのようなタイプである。うちの母に言わせると自分の弟だし年も結構離れているので、「あんなのウチのパパの影響よ」ということらしい。わたしの父は何かを自分で作るほどハマったりはしないので、そんなに手先が器用な印象はないが、たしかに釣りもするし音楽も好きだし、車もバイクも詳しかった。叔父の趣味のベースになったと言われれば納得の幅広さだ。叔父はその後、器用さを生かしてケーキ屋さんで働いたりもして、わたしは生クリームでデコレーションをするやり方を初めて教えてもらった。ケーキの土台となるスポンジを、あの廻《まわ》る台に置いてクリームを塗るというのも、その時初めて知ったのだ。世の中にはこんな便利なものがあって、だから綺麗にデコレーションされるんだ！　と強く思った。そしてその数年後、念願の廻る台を買ってもらうも全く綺麗に生クリームを塗れず、分不相応な物をねだってしまったことを後悔した。ちなみに、ケーキのデコレーションができる叔父に対して、うちの父の得意料理は日清焼《にっしん》そば（袋麺《ふくろめん》）である。これしか作ってもらったことはなく、母がいる時はもちろん自分では作らない。でもわたしはこの父の作ってくれる日清焼そばがとても好きだった。滅多に台所に立たないレア感も相まってか、やたら美味しく感じていた。

相模原のフィッシングパークでは、ニジマスやイワナ、ヤマメ、季節によっては鮎《あゆ》も釣れたと思う。もちろん初心者であり子供だったわたしは、餌の赤虫も付けられないので、贅沢にもイクラでニジマスやイワナを父に教わりながら釣ってみることにした。渓流を大きな石や岩で数メートルおきに仕切って、そこに釣りたい魚を放流するシステムがあり、女子供や初心者はこれで釣って味を占めるのだ。初めは岩陰に身を潜めている魚を見つけては、石の上を慎重に伝い歩いて母に教えに行くのが楽しかった小学生の亜美も、少し離れた所で自作の毛針をヒラヒラとさせながら、サーカスの猛獣使いが鞭《むち》をゆっくり打つように竿をしならせるキャスティングをしている叔父の姿を見たり、すぐそばで父がニジマスを釣り上げたのを見て、今までスーパーや商店で買ったりしなければ手に入らないような「食べられるもの」が自力で獲れるということに、心臓がドキドキしてとても興奮した。そしてすぐに、そんなことが自分にもできるのか確かめたくなった。

竿は釣り堀にありがちなリールも何もついてない竹製の一本竿で、釣りキチ三平《さんぺい》の祖父、三平一平《みひらいっぺい》がこしらえたようなものだった。竿に巻かれた糸をくるくるとほどき、父に言われるがままに釣り針にイクラをつけて、既にチェック済みの岩陰にいる魚めがけてポチョンと落としてみた。もちろん川の流れがあるのでイクラはあっという間に水中に消え、思うようにウキを魚の近くに留《とど》めておけず何度も竿を上げ下げしているうちに、美味しそうだったイクラは皮だけが残りただの謎の小袋に成り果てていた。それを見て、「そんなに美味しくなさそうなのは魚も食べないから、そうなる前に替えるんだよ」と父が優しく教えてくれた。そしてイクラを付け替えてからの第一投。狙ったポイントとは大きく外れたが、一瞬でウキの姿が見えなくなり、何が起きたかわからなかった。両親の「亜美、引いてる！　引いてる！」という声にびっくりして竿をグイッと自分に引き寄せてみると、イクラしかついていない状態の竿しか持ったことなかった小学生は、手首折れるんじゃないかと思ったほどに、しなった竿が重かった。亜美、初めてのヒットである。

初めて手に伝わる生き物の躍動。初めて味わう手首の痛み。釣られまいと水中で必死に抵抗するお魚は、片手で摑めるサイズだとしても細い釣竿で上げるには一苦労だ。何も考えられないまま、ただ自分より随分と丈のある釣竿の先にお魚が付いてるかと思うとやけに興奮した。「竿立てて！」と父に言われても意味がわからず、釣り上げなくてもずっとこのままでいいと思っていた。子供とは残酷なもので、いくらお魚に痛覚が無いとはいえ口に針が引っかかったままという想像もできずに、犬の散歩をしてるような気分だったのかもしれない。「こっち！　こっちに持ってきて！　そのまま！」「亜美！　竿をこうして！　そのままパパの方に向いて！」と大慌ての両親が「ちょっとそこのタモ取って！　タモ！」「え!?　なに？　どれ？」「いやだからタモ！　ああ、えっと、アミだよ！　アミ！」「え！　亜美？」とめちゃくちゃドタバタしているのを横目にわたしは初ヒットのお魚を釣り上げた。そして今まで味わったことのない充実感に高揚していた。ちなみにタモとはお魚を掬《すく》い上げる網のことである。

そんなビギナーズラックを経験したわたしは魚との攻防戦の中にドラマを見出し、どんどん釣りが好きになっていった。釣り堀に海に川に湖にと、家族でよく行くようになった。父はお魚に触れないので母の手がかかせない。その頃は、母が釣りをしないのについて来てわたしと父が釣り上げた魚を針から外してくれるのを当たり前のように思っていたが、自分で外すようになってからは「とーちゃんて、めんどくさ！」と思うようになった。釣りにはそんな家族の思い出もあるが、何と言っても獲物を追う感じがものすごく好きだった。

中学生になって3年間同じクラスだった子と、進路の相談をし合いながら近所の川沿いにある釣り堀に行っては、釣れた数でもらえるポイントで獲得したカップラーメンにお湯を入れてもらって、川べりに座って食べて帰った。港町ヨコハマの女子中学生の遊びとしては異例だったが、とても大切な時間だった。看護師志望のその子とは別々の高校に進んだが結構な頻度で遊び、今でもあの釣り堀の時間があってよかったよねと話している。そして今や家庭を持ちながらも地方に研究発表の講演に赴く立派な看護師になったその子と、かたや同じようにに家庭を持ってはいるものの地方の公演のついでに未だによく釣りしてるわたし。きっと誘えばまた一緒に釣りに行ってくれるだろう。子供たちが大きくなったら誘ってみよう。その時が楽しみだ。

そうしてわたしは家族や友達と独自の釣りを楽しみつつ、事務所に入って仕事をすることになった。するとそこには、仕事以上に釣りが好きな人たちで溢れていた（注・音楽事務所です）。

奥田民生さんとの出会いが、社会人になったわたしにも釣りをやらせてくれる環境を与えてくれた。民生さんが当時ハマっていたのは主に湖やダム湖、野池などでやるブラックバス釣りで、スタッフもみんなどハマりしていた。よって自然と釣り大会が開催され、12月の寒い寒い日に初めてブラックバスを釣った。わたしと民生さん、その他ほんの数名しか釣れない中、わたしはその日一番大きな45㎝のバスを釣り「ビッグフィッシュ賞」、ボウズの由美ちゃんは膀胱炎《ぼうこうえん》というお土産をそれぞれもらって帰ってきた。この日、パフィーは「バス釣りする方」と「船すら乗りたくない方」に分かれた。45㎝のブラックバスは、今までのニジマスなんかとは比べ物にならないくらいの引きと興奮と充実感をくれ、この頃連日仕事場で釣りの話をしているプロデューサーの横にいて、わたしがハマらない理由が見つからなかった。そしてわたしはバス釣りに適したボートを操船できる小型船舶免許を取った。

（2019年9月号）

41　続・ハマらない理由がない

つい釣りの話にアツくなってしまった前回を振り返り猛省しつつ、小型船舶免許を取得したあとのお話を。

わたしが取得した当時の小型船舶免許は4級で、バス釣りに適したボートを操船するのが目的だったのでこれで十分だったというか、それしか考えていなかった。奥田民生さんを筆頭にその界隈のバス釣りにどハマりしていたスタッフやミュージシャンはこぞって4級の免許を取得しており、わたしのように未取得の人はこぞって取りたがっていた。むしろ「え、免許持ってないの？」とまるで自動車や原付の免許のような会話が繰り広げられ、取ったら取ったで「俺のボート買わん？」と中古のボートを売りつけようとする始末。そんな楽しい会話にも加わりたくて、わたしは久しぶりに教科書というものを広げて勉強した。

ちょうど船舶免許を取りたいと言っていたうちの舞台監督と一緒に手続きに行き講習を受け、試験の日まで猛勉強をした。この感覚、数年ぶりだ。専門学校を卒業して以来、また勉強したくなるかもと取っておいた教科書を開くこともなく過ごしていたので、少し若返った気持ちでテキストを開いた。この頃、亜美・齢《よわい》22である。ちなみに今から24年前である。そして、お正月休みをまたいでいたので、わたしは旅行先のロサンゼルスやラスベガスでもテキストを開いて勉強していた。それだけ必死にやらないと到底受かりっこないくらい、覚えることがたくさんあった。

自動車やオートバイの免許だと、交通ルールや標識の名前、特性などはなんとなく小さい頃から目にしていたり、大人が運転する車の中から知らず知らずのうちに学んでいたり、学校で習ったりと免許を持っていない人でもある程度知っていることが多い。自転車を運転する際や歩行者側としても守らなければいけない交通ルールもある。ところが、船の免許を取得するには日常生活で目にすることはほとんどないであろう標識や船の部位の名称、他の船が掲げてる形象物の見定め……などなど、テキストを開くとそこには「何言ってんのこれ」と言いたくなるような、未知の世界が繰り広げられていたのだ。しかも海には道はないが海図という、お天気ニュースの時の気圧配置図のような、地図上の海の部分に線が描いてあるものを見ると、そこには海底の深度なども記されていて船の進行方向もわかる。そしてこの海図が読めないと、陸地が見えなくなった途端どこに向かっていいかわからなくなるのだ。あ、もちろん最近の船にはレーダーとかナビ的なものから魚群探知機まで装備してるものもあるけど、あくまでも船舶免許取得のためにはということで。とにかく試験には海図を読む問題もあるので、一から勉強しなければならなかった。わたしが試験勉強していた時に『ONE PIECE』でナミが大活躍していたら……めっちゃがんばって航海士になるべく海図読む勉強したのに！　しかし、船舶免許を取得するには航海士だけじゃなく、整備士にも船長にもならないといけないのだ。そして共に乗船する仲間は、免許を取った後にできるのだ。そのためには、船体にある水はけ部分の溝が「ビルジ」という名前だということ、船着き場近くに浮いている緑と赤の「浮標」と呼ばれているのが海上の標識であるということ……そんなことからコツコツと覚えていかないといけないのだ。

ひー！　めんどくさい！

わたしの目的はバスを釣るための船の免許なので湖がメインだが、ちょっと欲が出てリゾート地でジェットスキーに乗ったりできるようなクラスにした。こんなことならもーちょいやさしめのやつにしとけばよかったかしら……と思ったりもしたぐらい、とにかく大変だった。筆記試験だけでこんな具合なのに、ここから更に未知数計り知れない実技試験も加わってくるのだ。実技はもちろん海の上で船に乗って行われる。しかも船に乗り込む前に、筆記でも出題されて実技試験でもやって見せないといけないものがある。船を港に係留させておくためのロープワークだ。「もやい結び」「本結び」「8の字結び」「いかり結び」など、数種類のほどけにくいロープの結び方で船が沖に流されないように陸地と繋いでおかなければならない。最早船乗りにとって一番大事な、最重要任務がこのロープワークなのかもしれない。そしてこのロープワークを習得し合コンで披露したら「すごーい！」ってなるかもしれない。世の中に原因不明のウイルスが蔓延《はびこ》って街中ゾンビだらけになったとしても、このロープワークさえあれば友達の成れの果てのゾンビを殺さずに縛っておけるかもしれない。そう思い、教官が気まぐれにどの結び方を試験で出してきても対応できるようにめっちゃ勉強した。残るは実際に乗船して、文字どおり舵《かじ》を取るだけだ。船では自動車のアクセルにあたる、スロットルという部分を右手で操作してスピード調節をしつつ、ハンドルを回して方向を決める。自動車より不安定なので、急にハンドルを切って旋回すると思ったより傾いたりするのでそれも要注意や！　そしてわたしがロープワークの次にやりたかった実技試験項目が、自動車やオートバイの場合とはまた違った「事故が起きた時の対処法」だ。これは、船を離岸させてしばらく走らせると教官が「落水者発見！」と大きな声で言うので、それに負けないくらい大きな声で「落水者発見！　エンジン中立！　よし！」と言いながらスロットルをニュートラルに戻し落水者を助けに行くという、一人で試験を受けに行って知らない人の前でやると必要以上に張り切っちゃいそうな項目である。これは楽しいし訓練にもなって良い。あとは車庫入れのような「接岸」という、いわゆる船を降りるときに船体をぶつけないように舵を切りつつ陸地に寄せる項目が緊張ポイントである。

そんなこんなで、自動車の免許ほど日数がかかるわけではないがとにかく知らないことだらけの船舶免許を、わたしのみならず一緒に受けに行った舞台監督も一発合格し、晴れて船長になった。そして当時の民生さんのマネージャーさんやイベンターさん、吉井和哉《よしいかずや》さん等《ら》と釣りをする度に「俺の船、買わん？」と言われるのだ。もちろん「いらん」と答えている。

免許も取ったしバス釣りにもよく行くようになり、スタッフチームからの誕生日プレゼントに名前入りのオリジナルの竿やリールをいただいたり、一緒に釣り旅行したり、ツアーの移動日に釣りに行ったりと、仕事の仲間が趣味の仲間にもなってて、とても幸せな時間を過ごしているのだ。全ては民生さんが教えてくれたバス釣りのおかげか。そして一番初めのレコーディングの時、スタジオで民生さんが開高健《かいこうたけし》さんの書いた『フィッシュ・オン』という文庫本を読んでいたので、面白かったという感想を確認後貸していただいた。読み進めていくと、いつの間にか手に汗握るような感覚の自分がいた。そしてものすごく釣りがしたくなった。釣れるまでの、あのとことん獲物を追う感じが思い出されてとても好きだった。よく悩むわたしはその後、あの本を読んだ時にどこか焦燥感にも似た想念も感じていたので、そんなことをなんとなく思い出しながら歌詞を書いた。恐れ多くも「フィッシュ・オン」と同タイトルにしてみた。そうしたら、同じく悩んでいた友達がその曲を聴いて「すごくすっきりした」という感想をくれた。こうやって自分が得たものが形を変えて、更に他の人の役に立ったりしていくって尊いなぁ、とぼんやり思った。

釣りが好きな人はだいたいそうだと思うが、釣りだけして過ごしたいと思ってる気がする。わたしもそう思っている。釣りをしている間は体力もいるし常に魚や投げたルアーの動きや、次に投げるポイントを考えたりして頭の中は忙しい。かといってべらべら喋ってるわけでもないのでポーッとしていられる。そして大自然の中にいる自分。釣れても釣れなくても一喜一憂してくれる仲間もいる。どう考えてもマイナス要素が見つからない。職業的に言ってもミュージシャンは釣りに向いてる人が多いと思う。みんなちょっと暗いし。

そろそろ涼しくなってくる頃だ。また娘小狸連れて琵琶湖に行ってこようかな。ちなみに娘は初めてのバス釣りを一からバス釣りのチャンピオンに教えてもらったので、わたしよりも全然上手い……ずるい。

（2019年10月号）

42　史上最強の「釣らせ人」

前回、前々回と趣味の釣りの話をしてきたわけだが、釣りが好きな気持ちは十二分に伝わったと思う。しかし、常々「好きとできるは違う」ということを痛感している職種なだけに、いくら釣りが好きでも、いくらカジキマグロを釣り上げて大手寿司チェーン店の社長に競り落としてもらいたいと思っていても、実際の釣果がどうなのかということが重要になってくる。わたし、釣りが好き！　と公言してもいいと思っているぐらい好き。だけど、実際は上手いわけでもなんでもない。自分で仕掛けを作って一人でも行くのかと言われると、そこまででではない。そんな時間あったらすぐゲームしちゃう。でも、毎日でも釣りしたいし船に乗りたい。海に行きたい。湖に浮かびたい。

そんなわたしがある日、仲の良いバンドの所属レーベル「カフェイン・ボム」の社長の森《もり》さんに「あみさん、釣り好きなんですよね？」という話をされて、同じく釣りが趣味の森さんと釣りに行くことになった。森さんも相当な釣り好きで、暇さえあれば行きたいと思ってる人だった。その森さんが「モンパチのサトシくんと釣り行ったことあります？」と聞くので、無いと答えたらそのあとの釣りをサトシくんと行くようなセッティングにしてくれた。森さん曰く、サトシくんはモンゴル800のドラマーでいながらフィッシングブランドの社長もやってて、数々の釣り大会でも賞を獲りただの釣り好きのレベルを超えているとのことで、わたしもじっくり話したことがなかっただけにとても楽しみだった。わたしの中での釣りウマな人は、奥田民生さんの釣り仲間のバスプロ以外ではやはり、どんな厳しめな状況でもとりあえず釣るというイメージがある奥田民生さんがトップだった。果たしてサトシくんの腕前は奥田以上なのかというのも確かめたかったのだ。わたしは一体、何様のつもりなんだろう。

そして多忙なミュージシャンとレーベルの社長が、18時半に待ち合わせ場所の神奈川県の船着き場に集まった。自社のロゴが入った釣りウェアに身を包んだサトシくんは、この段階ではまだそこまで強そうには見えない。が、ガタイはいいのである意味めっちゃ強そうには見える。金髪だし日焼けしてるし、引退したプロレスラーが開いたステーキハウスのオーナーぐらい強そうに見える。そんなうがった気持ちでわたしは船に乗り込んだ。聞けばその日の釣りはサトシくんの知り合いの船長が船を出してくれて、最近流行のグランピングばりに手ぶらで釣りを楽しませてくれる、サトシプレゼンツナイトだった。それだけで、なんてええ人やと思った。当日は天候もあまり良くない中、船長含め四人で乗船し、狙うは亜美初のシーバス、いざ行かん夜の東京湾へ！　船着き場は東神奈川のラブホテルの裏の運河で、その船にはおじさんとおばさんしか乗ってなかったけど、我々を待つ大海原を前に気分はまさにONE PIECE、麦わらの一味だった。

そんなに天候が良くないけど船は出せるらしいということで決行した今回の釣りだった

が、プロの船長が言うなら大丈夫だろうと思っていたし、多少の揺れで船酔いするような女じゃないんですよあたしゃ……と斜に構えていたら、さらに斜め上を行くぐらいのエグい波の高さで、こんな揺れで転覆しないの⁇　っちゅーか普通に釣り続行してるけど大丈夫⁇　ってぐらい、ぐわんぐわん揺れた。それでも船長とサトシくんは慌てることなく「あの柱の影ができてる所を狙ってみてください!」とアドバイスをくれた。内心「嘘でしょ?」と思っていたが、ここでビビってると思われたら負けだ。それこそただの釣りが好きな人ですらなくなってしまう!　と、船首の手すりに体を預け足を踏ん張って両手を自由にして竿を振った。大きな揺れに顔の近くまで海面が迫った。ちょっとでも滑ったら誰にも気づかれないくらいの音で、ポチョン……と海に落ちるだろう。それくらい船首と水面《みなも》が近づくほどの揺れだった。しかーし!　己の釣りへの愛はいかほどかを自問自答しながら、船長とサトシくんのアドバイス通りのポイントにルアーを落としては手繰《たぐ》り寄せ……を繰り返すこと数回、グイッと手応えが!　むむむ!　石油のような真っ黒い海の中で暴れ狂う何かと吸い込まれそうになる船の揺れと戦いながら、えいやと上げた釣竿の先にはブラックバスよりはるかに大きなシーバスが!　測ってみたら70cm!　すご!!

その後も船長とサトシくんが天候や波の状態、適したルアー、それを落とすポイントなどのアドバイスをくれて3匹くらい大きなシーバスを釣ることができた。もちろんテクニックがあるわけではないのでヒットしても糸を切られてしまったりで釣り損じてる。そうやってカフェイン・ボムの森さんとわたしのお世話をしながらも、サトシくんがヒョイッと竿を振るとすぐに魚がかかって船にあげられる。これはガチなやつだ……とわたしは恐れおののいた。民生さんのはまだ趣味のやつだ。レベルというか、わたしが今まで出会った釣り人とはベクトルが違う。

大満足でラブホテルの裏の船着き場に帰り、船長にお礼とお借りした偏光サングラスをあの凄《すさ》まじい揺れで失《な》くしてしまったお詫《わ》びをして、サトシくんにもお礼を言った。すると「釣ってみたいものがあったら何でも言ってください！　日本中どこでも仲間がいるし、俺と行ったからには絶対に釣らせますんで！」と本日2回めの言葉が返ってきた。そう、実を言うと船に乗る前に釣れるかどうかの不安を口にした時、彼は同じことを言っていたのだ。「大丈夫です！　俺、絶対釣らせるんで！」正直その時は社交辞令のようなものだと思って、わたしも愛想笑いで返していた。船から上がったそこには、モンパチのドラマーなんていなかった。そこにいたのは、史上最強の「釣らせ人」だった。

すっかり必殺釣らせ人に心酔したわたしは、次に釣らせてもらえるのがいつになるのか気が気じゃなかった。何故なら彼は釣り人である前に売れっ子ミュージシャン……。ツアーにフェスにと大忙しなうえに、普段は沖縄にいる。そんなこんなで数ヶ月が経ち、我々パフィーは沖縄でモンゴル800が主催するフェスに呼んでもらえることが決定した。これをチャンスと呼ばずして何と呼ぼうぞ！　とばかりに、わたしだけがフェスへの意気込みとは別の荒めの鼻息で、サトシくんにフェス前後の予定のお伺いを立てた。すると案の定、フェスが終わってからなら行けますよ、とのこと！　そんなことを言われた日にゃあ、ただでさえ楽しみで仕方ないフェスなのに、その先にも楽しみがあるなんて……！

フェス当日は出演者のためにバックヤードでマグロの解体ショーが行われたり、いたれりつくせりのホスピタリティーを受け、これに見合うほどのライブをやらねばと一生懸命がんばりました！　打ち上げもなんだかんだ明け方までがんばりました！

そしてその翌々日、釣らせ人サトシくんが迎えに来てくれて知り合いの船長さんの待つ漁港へ。準備ができた人から船に乗り込むことになり、わたしははやる気持ちに従って早々に乗り込んだ。少し前のめりすぎたのかもしれない。船首から船に乗り込んだのだが……、床部分にあたる所のシートで隠れて見えていなかったのだ。シートの下には溝があった。わたしの十数年前の船舶免許取得時の記憶が正しければ、「ビルジ」と呼ばれる部分だ。わたしはそこに足を踏み入れてしまい、おそらく足を挫《くじ》いた。まだ出航前なのに、だ。力を入れなければたいして痛くない。このまま何もなかったかのように過ごそう。そうだ、自分でも気付かなかったことにすればいいんだ！　そう心に決めた途端、不思議と痛くなくなった。そして全ての準備を終えて、船は自らの航路に白波を立て道なき道を進んだ。もう後戻りはできない。戻る時はそう、足首が痛くて痛くて我慢できない時だ。その時はきっと足首折れてる時だ。そう思いながら、わたしはみんなと共に港を背に沖縄の海へ勝負を挑みに行った。


（２０１９年11月号）

43　亜美の沖縄釣りバカ日誌

沖縄の海はどこまで行っても遠浅のコバルトブルー♡　かと思いきや、沖に出るとそれなりに深く、決して甘くない研ぎ澄まされた濃紺色をしている。そして透明度が高いせいか、船の上から見ているだけでも海との関係が深くなる気がする。というか、島育ちでもないのに産湯《うぶゆ》がわりに海水浸かったとか、母乳がわりに海水飲んでたとか、悲しいことがあったら海に潜って涙をごまかしていたとか、昔小さな入江に入り込んじゃったのを助けて以来の仲良しのイルカがいるとか、そんな「わたしこの海知ってます感」が強くなる。沖縄の海にはそんな人懐こさがある。さもなければわたしが相当図々しいヤバイ奴かのどっちかだ。逆に夜の海や透明度の低い暗い海は得体の知れないものが出てきそうで本気で怖い。宇宙よりも幽霊屋敷よりも得体の知れない未知のものに出会えるのが深海な気がして余計に怖さが増すのだ。しかも夜の海は海中を照らすライトがなければ何も見えな過ぎて、コールタールのように思えてしまう。夜の海に落ちたが最後、体中の毛穴や粘膜から何から全てが浸食されて、ドロドロとした真っ黒なものに呑《の》み込まれてしまう。そんなダークファンタジーな世界が夜の海にはある気がする。そんなことにならないためにも、早朝からの釣りは非常に健康的でよろしいのだ。

30分ほど沖に船を走らせると陸地が遥か遠くに見えて、こんなとこまで船で来ちゃった感が凄い。そんな所で我らが船長は錨《いかり》を下ろした。釣りにおいての釣れる場所。みんなが笑顔になれる場所を船長は目指してくれる。地上のように道路標識や建物など目立つものもなければ、固定されている物もない。ましてや道もない。海図と呼ばれる地図のようなものはあれど、海底の地形は肉眼で見えるものではない。そんな海では、船長の経験がモノを言うのだ。熟練のなせる業としか言いようがないらしい。きっとこういう人こそが、海に愛され海に育てられてきたんだろう。なんなら船から落水した時に助けてくれるイルカなんかがゴロゴロいそうだ。なんなら『崖の上のポニョ』に出てくるグランマンマーレも来そうな勢い。くそー羨ましいぜ。そしてポイントに着いた我々は気合を入れて竿を手にした。手渡された竿には、糸の先端に大きな錘《おもり》、それからちょっと離れた上のほうにお魚のコマセカゴ。これは餌となるオキアミをコマセカゴいっぱいに詰めて、そのオキアミによく似たゴムの擬似餌《ぎじえ》がチョコンと付いた針が数個、メインの糸に数十cm間隔で結ばれているという、ご存じ「サビキ」と呼ばれる仕掛けだ。これを海に下ろしていくと、先端のカゴに入ったオキアミがエキスと共に流れ出し、カゴからこぼれるオキアミを食べに魚が集まってくる。そしてオキアミと間違えてサビキにも喰《く》いつくという流れなのだ。わたしも小さい頃に父が用意してくれたサビキで、防波堤からアジを釣ったりしたもんだ。サビキの良いところはいっぺんに何匹も魚が釣れるという贅沢構造。餌をつけたりしなくていいし、スッとできる。そんなところが初心者に持ってこいなのだ。今日は何を釣らせてもらえるのか聞いていなかったので、サビキを見た時点でそんなに大きくないやつを狙っている予想がついた。きっと、アジやサバのような小ぶりの美味しいお魚が釣れるんだろう。そして竿を下ろして間もなくみんながそれぞれヒットを出した。そしてみんなのサビキには、沖縄の県魚「グルクン」がかかっていた。しかも複数匹！　グルクンは「タカサゴ」という魚で、沖縄では一年を通してよく釣れる魚として有名だ。沖縄料理屋に行くと海ぶどうやゴーヤチャンプルーと並んでほぼ置いてある。お刺身も塩焼きも美味しいけどわたしのオススメはグルクンの唐揚げ。身に水分が多いので低温でじっくり揚げていくと、皮も骨もカリッカリになって美味しい。沖縄は塩すら美味しいので未体験の方は是非食べていただきたい。入れ食い状態にあれよあれよと釣り上げて、みんなで釣ったらあっという間に70匹ぐらいになった。グルクンは20㎝ちょいぐらいはあるし、大海を泳いでるだけあって元気がいいので、小さいサイズでも引きが強くて面白い。竿を握る手にビビビ！とアタリが来るので釣りの醍醐《だいごみ》味を実感できるのだ。船長から「はい、竿上げて〜」という出航のアナウンスが来ても名残惜しくないぐらいの大満足の釣果だった。そして錨を上げた船はまた、その日限りの即席麦わらの一味を乗せて港に……と思いきや一向に陸に近づかない。それどころかどんどん陸地が見えなくなって、どこともわからない大海原を再び走り続ける。

　更に沖に進むこと数十分。360度ぐるりと見渡しても陸はおろか小さな島も見えない。海の色も更に濃く、この海の遥か深くではどんな生物が何をしているんだろうと考えるしかない状況だった。

　モンゴル800のドラマーであり、今回の釣りのコーディネーターのサトシくんがよいしょと重そうに腰をあげると「よし、着いたかな。姉さん、次のポイントです！」と言ってきた。え、次があるの？　と思っていたら更に「次はさっき釣ったグルクンを餌にします」と驚きの発言をした。サトシくんがさっき釣ったばっかのピチピチと元気なグルクンちゃんをササッと大きい針に通して、泳がせつつ餌にするべく海に放ってくれた。あとはアタリが来るのを待つのみという状況だ。船はゆっくりとポイント内をじっくり攻めながら少しずつ移動して様子を見る。すると仲間の一人がコバンザメを釣り上げた。平らな頭の上に、ほんとに小判くらいの吸着部分があった。小判見たことないけど。しかし小判も見たことなければコバンザメをこんな触れるぐらい間近で見たことなんてないので、ワーワーしたら、船長がえいっ！　とそのコバンザメちゃんを船室横の壁にくっつけてくれた。珍しい！　こんな風になってるんだ！　などとキャッキャしながら観察して、ツーショット写真を撮ってもらった。その後も仲間が何本か釣って、わたしも中くらいのを釣って楽しんでいたら、グワッと思い切りアタリがあったので「え!!　今絶対すごいの来た!!!」と急いでリールを巻いた。電動リールのドラグが何度も何度も引き出されるくらいのすごい引きに、ろくにカルシウムも摂《と》ってないほっそいわたしの手首はすぐに限界を迎えそうになったが、頑張って頑張ってあと少し!!!　ってとこで、拍子抜けするぐらい軽くなった……。やってもーた。どえらいチャンス逃がしてもーた。絶対大きかった！　めちゃくちゃ大きかった！　なのに……やってもーた!!　どうやらバラしてしまったようだ。しばらく落ち込んでいるとサトシくんが「船長！　あそこ!!　やっぱそうだわ！」と少し先の海面を指差した。船長がオッケーオッケーと操船し、サトシくんが指差した方に近づいた。すると真っ青な海面に赤い物体が浮いているのが見えた。何が浮いてんだろ……灯油のポリタンクか？　とも一瞬思えるような鮮烈な赤。とにかくプカプカしている。船長が上から見ながらうまいことそれに近づいていく。するとそれはどうやら魚のようで、船長の仲間が大きなタモ（網）を持って掬おうと待ち構えるも「ダメだ！　これじゃ小さいわ！」と言って更に大きなタモで苦労して掬った魚は、マグロの解体ショー以外では水族館でしか見たことないような大きさの、真っ赤なクエみたいなやつだった。そしてサトシくんと船長がわたしに向かってこう言った。「あれ、亜美さん釣ったやつっす」

あまりの衝撃発言に面食らったわたしが「……いやわたしバラしちゃったよ」と言うと、「あと少しってとこでバレちゃったけど、深い所から急にガーッと上げられたんでびっくりして気絶したんす」というわけで、少々のイレギュラーさはあったものの、わたしが釣ったお魚ちゃんはめでたく手元に来たのだった。そしてこの赤いお魚の正体は「アカジンミーバイ」というらしく、なかなかここまでの大きさは見たことがないと船長もサトシくんも言っていた。しかも、それはそれは美味しい高級魚だそうで、サトシくんがこれをさばいて調理してくれる店を紹介してくれるというので、これにて亜美の沖縄釣り日誌は超ド級の大物を釣って、完！　と思いきや、サトシくんから「こんなにでかいのほんとに珍しいからきっと新聞載りますよ」と告げられ、陸に上がると早速釣具屋さんに行って計測した。すると73㎝、4・95キロの大物アカジンだった。釣具屋さんにてサトシくんの指導の下、お魚がより一層大きく見える持ち方でプルプルしながら記念撮影。ずっと海にいたしお休みだったので日焼け止めぐらいしか塗らずだったけど、仮に新聞に載るとするならばちゃんとパフィーの名前を出した方が面白いのでその旨を伝えて釣具屋さんを後にした。

　わたし同様、沖縄に残ってた由美ちゃんに釣果を伝え、サトシくんが紹介してくれたお店でわたしが釣ったもの食べよ〜！　って誘ったら来てくれて、餌用の美味しいグルクンちゃんの唐揚げと、アカジンミーバイのお刺身、煮付け、揚げ浸し、などなどが驚くほど美味しかった。サトシくんにも食べてもらえてよかった。自分の釣った魚が人を喜ばせるなんて……何だか嬉しかったなぁ。ブラックバスは食べないでリリースだしなぁ。沖縄の釣り、なによりサトシくんとの釣りにどっぷりハマった一日だった。そして後日、サトシくんから「姉さん、出てますよ！」と連絡が来た。添付された写真を拡大すると2018年11月16日の琉球新報《りゅうきゅうしんぽう》の美《ちゅ》ら島《しま》だよりのコーナーで、釣り人に交じってどでかいアカジンを持ったわたしがいた。そして見出しに「歌手・PUFFYの大貫さん　大物アカジン」と書いてあった。大したことない歌手の大貫さんと大物ミュージシャンのアジカン（アジアンカンフージェネレーション）って書かれてる気がしないでもなかった。

（2019年12月号）

44　たんたん豆狸誕生記

２００２年の夏、パフィーは北米をツアーバスで走り回っていた。なまじっか日本でキャリアを積んでしまったので、アメリカでは無名だというのにエアロスミスが乗るような（イメージ）、大きなサロンバスで各都市を回っていた。サロンバスと言っても、いわゆるバラエティー番組のロケに出てくるような観光バスとも違いベッドが12個付いている。3階建てのベッドが左右6個ずつなのだ。とはいえ棺桶ぐらいの空間なので、そう考えるとエアロスミスがこんなのに乗ってるわけないことに気付く。我々のバスは寝台部分の前後にソファーでくつろげるスペースがあって、同じ無名度のバンドが乗るであろうワゴン車よりはよほど快適なのだ。しかしその当時はバンドの皆さんも喫煙者が多く、後ろのソファー席を喫煙スペースにしていたからわたしはほとんどそのソファーには座ったことはなかった。なにより、こんな大変な旅を我々よりも全然ベテランのミュージシャンに強いているのだから、せめて移動中はくつろいでいただきたいという気持ちもあったので、あえてそこには行かなかった。わたしは前方の、ソファーというには硬すぎるベンチシートに座りながら、いつまで経っても変わらない窓の外の景色を見てアメリカの広大さを体感していた。そして真後ろにあるトイレが気になって飲食しづらかったのだが、なるべく考えないようにしていた。しかし、車酔いもしないのになんだかずっと気持ち悪かったのは、やはりトイレのすぐ近くだったからだと思っていたのだが、それがわたしの妊娠の兆候だった。

おなかに別の生き物がいるという感覚は、慣れてしまえばどうってことないがとても不思議で、調べなければ気付かなかったぐらいなのだから、至って普通に生活できるし遊びにだって行ける。ところが知ってしまった以上、見える景色が全く別のものになってしまった。しばらくはこの件を伏せていたので、友達と会っていても仕事をしていても、ふとした時に「あ、わたし赤ちゃんいるんだ」と思ってしまう。そうすると、笑ってても何してても、薄くて細い線を引いてしまう自分がいた。ちょうどアメリカのカートゥーン・ネットワークでパフィーをモデルにしたアニメを制作している途中だったので、タイミング的には仕事先のみなさんにご迷惑をおかけしてしまうことも想像にかたくなかった。しかし結婚もしていたし喜ばしいことで、実際うちの両親はめちゃくちゃ喜んでくれたので親孝行ができたとも思えた。それでも今までと考えることが自然と変わってきたり、生活面で変えなければいけないことが多々出てきたりすると、これから先一体どうなっちゃうんだろう……と不安になった。

健診にはきちんと通った。そうすることで妊婦としての自覚を得て、不安が和らいでいく感じがして気持ちが楽になった。超音波でおなかの中の様子を見ると、理科の実験の細胞みたいだったやつがいつのまにか小さい塊になっていた。まるでハムスターが丸まって寝ているようだったので、「ハム太郎」と呼ぶことにした。そう呼ぶことに何の迷いもないぐらいまっすぐ、男の子だと思っていた。おなかの中のハム太郎は、アニメのハム太郎みたいにてちてちと歩きはしないものの、着々と大きくなって手も足も形成されてきた。不思議だ。そして数ヶ月後、いつものように健診に行き超音波でおなかの中を見てみると結構なヒトになっていた。こりゃ動くわけだ。そして先生が「今ちょっと足で隠れて見えないけど、付いてないみたいね。女の子っぽい」と仰ったので、耳を疑った。「え！　ああ、そうなんですね！　でも見えないんじゃまだわかんないですよね〜」と、太郎であることへの未練タラタラの感じがダダ漏れていたが、内心はもっともっと衝撃を受けていた。楽しみすぎて赤ちゃんグッズを全部ブルーで揃えたりはしてなかったけど、信じて疑わなすぎて仰天の一言に尽きた。わたしが女の子を育てる……？　あんなに繊細で可憐なものをわたしに育てろと仰るんですか、神様……と思った。わたしの中での女の子のイメージはそれぐらい酷《ひど》く、想像することすらできてなかったのだ。次の健診では足で隠すことなく男の子であることを証明してくれと一縷《いちる》の望みを我が子に託し、やはり女の子の想像はできないまま一ヶ月を過ごした。

そしてやってきた健診の日。さあさあ早くご覧下さい、うちのハム太郎を！　なんなら名前はそのまま「ハム」を「公」にして「公太郎」にしましょうかね！　とは言わなかったが、ドキドキしながら健診を受けた。やはり女の子だった。ハム太郎はハム子になった。わたしの女の子に対しての思い出の反芻《はんすう》と勉強が始まった。「こんな時女の子はこんな生意気なことを言うんだきっと」とか「男の子ならうんこちんちんで大爆笑なのに女の子は一体何が面白いんだろう……」とか、今思うとクソくだらないことを毎日考えていた。この時点でもやはりわたしは、自分が女の子だったことに気付いていないのだ。

そして出産。赤ちゃんの頃は男女の差はおむつチェンジで感じるくらいでしかなく、赤ちゃんは赤ちゃんなのだ。寝かせたポジションから動かない最初の数ヶ月、母に近くにいてもらい手伝ってもらいながら子育てをした。そして母の子育てを目の前で見ることができた。これは勉強になるぞと思い、やってもらうフリをして赤ちゃんという未知なる者への、色んなパターンの接し方を盗み見た。実際めちゃくちゃ勉強になった。泣いてるにも理由があるはず、とギャン泣きが止《や》まない時には着てるものを全部脱がせて身体《からだ》をさすって、新しい肌着を着せたりもしていた。これは母が昔、わたしが泣き止まなかった時に肌着の間に切った爪が入ってて、それがチクチクしてんだろうという気付きがあったのだと言っていた。なるほどとしか言いようがない。バリエーションの全ては経験から生まれるのか。そして2ヶ月くらいの赤ちゃんに何度も何度も「わんわん！」と言いながら犬のうちわを見せては扇《あお》いで風を送って、ということをしていた母。まだ何もわからないのになぁと思ったのも束《つか》の間《ま》、赤ちゃんはめっちゃ笑っていた。わんわんで笑顔になり、そこから不思議と突風が顔にかかってビックリするという、我々大人で換算すると、まだ外出もままならないので寝ながらジェットコースターに乗っているような体験だったのではなかろうか。そう考えるとなかなかのハードエクスペリエンス……。

そんな我が子をわたしは公の場では豆狸と表記することにした。顔が豆みたいに小さく、たぬきも可愛くて好きだからだ。そして言葉もわからないうちから、決して手を上げることなく豆狸をきちんと叱り、やっていいこととダメなことを教えていた。そして母とわたしが好きな刑事もののドラマや海外ドラマを一緒に観た。これが効いたのか、豆狸は言葉を覚えるのがめちゃくちゃ早かった。即《すなわ》ち理解することも早く、空気を読むことに長けてきた。親としてこれは本当に助かった。が、豆狸は卒乳には難色を示していた。母としてこれは非常に由々しき事態だった。仕事柄、時間が読めないことも多いので搾乳した母乳で、とか粉ミルクでなんとかしていただけると良かったのだが、そもそも哺乳瓶の吸い口が嫌いらしく、国内外のブランドを片っ端から試してみたがどの哺乳瓶も豆狸の心を動かすことはできなかった。そこは空気読まねんだなー。故に夜遅くまでかかるレコーディング作業などでは、母にスタジオまで豆狸を連れてきてもらった。そして隙を見て授乳。今だったら早めに帰らせてもらう方がお互い後々楽だったが、当時はスタッフの誰にも子供がいなかったので、そんな申請が自分自身とてもワガママに思えた。でも本当はもっともっと豆狸優先で物事を考えられたはずだったなぁ、と申し訳ない気持ちになる。わたしもお母さんになりたてでどうしていいかわからないまま、仕事の時は今まで通りのPのAとして振る舞わねば……とどこかで思っていた。この時はまだわたしも、乙女のはしくれだったのだ。

（2020年1月号）

45　めんどくさがりやの子育て方法

わたしの子育ての仕方が好きだと言ってくれる友人の一人、キャンディ　ストリッパーという洋服ブランドのデザイナー板橋《いたばし》よしえと、16年くらい前から一緒に不定期でありながらもありがたいことに完売商品多数のROMPUS（ロンパース）というお洋服ユニットをやっているわたし。事の発端はわたしが沖縄の古着屋さんで見つけた1歳くらいの子供が着るロンパースに一目惚れし、子供もいないのに下手に小金を持ってしまったが故に何となく買ってしまったという成金ストーリーをよしえに話し、「自分で着たいぐらい可愛い」というわたしの感想に対して、「じゃあ作ろうよ〜！」というよしえの軽い発言だった。わたしの中でそれは「今おまえんちの近くで飲んでるんだよ」に対しての「おっ！じゃあ行くわ！」というフットワークの軽さではなく、「明日誕生日なんだけど今スイスに留学してるから今年は誰にも祝ってもらえないんだよね」に対しての「実は今、機内なんだよね〜！　明日中にはスイスに着くよー！」という、まじかよお前何者だよというレベルの、重めの軽いフットワークだった。糸を紡いで織っては布を作り、更に糸でそれらを縫い合わせ、理想をどこまでも追求できる可能性と自由さを兼ね備えた自己表現を、よしえはいとも簡単にやってのけると私は言っているのだ（糸だけにね！）。そんな素敵な才能を持ち合わせた頼もしいよしえと、音楽ユニットさながらのお洋服ユニットを結成し、お互い本業の隙間に楽しみながら不定期で服を作ることにしているのだ。

ＲＯＭＰＵＳが形を成していく頃には娘小狸も生まれすくすくと育ち、打ち合わせや撮影に一緒に付き合ってもらったりしていた。というのも前回記した通り、哺乳瓶に難色を示すタイプだったので長時間離れてはいられなかったというのが実情だった。しかし娘小狸が豆狸当時は、ＲＯＭＰＵＳでは豆狸に着せるべく子供服も作っていたので、リアルに赤ちゃんと触れ合う中で実際にどんなことが必要で、どこまでが親として許せるのか等を実感しながら製作することができた。ＲＯＭＰＵＳで服を作る目的というか、テーマというか、大義名分の対象が「わたしが着たいと思う服作り」から「娘にも着せられる服作り」にシフトチェンジしただけだったので、とても楽しみながらやらせてもらえた。どちらも自分本位で考えさせてもらえるというありがたみ！

しかし実際は、リアルな初子育てをしていく中で生まれる既製品に対しての「ここがこうだったらいいのに」や「この時期こういうのが欲しい！」という気持ちから生まれたモノは、企画してデザインして製品になる頃には必要な月齢じゃなくなったりとタイムラグが常に伴い、先を見越しても見当が外れるため豆狸には着せてあげられなかったりもした。それでも、豆狸の少し後輩にあたる赤ちゃんたちのお母さん方には喜んでいただけたので結果オーライだ。しかしいくら大手ファッションブランド、キャンディ　ストリッパーが関わっているとはいえ、短期で不定期のＲＯＭＰＵＳが沢山の在庫を抱えるわけにもいかないのでロット数も少なく高価。再販もしづらい。かといって一流ファッションブランド、キャンディ　ストリッパーが関わっている以上ゴワゴワの安い布地では今までのキャンディファンの方々にも失礼だ……しかしすぐ成長してしまう子供服にそんなにお金をかけていられない……むむむ！　など、どこの現場も考えるべき事柄はたくさんあるなぁと、音楽制作だけにとどめておかなかったツケに悩んだこともあった。

それでも16年続けさせてもらって、今はその界隈でなんとなく知ってもらえるようになって、最新のメンズモデルには藤井隆《ふじいたかし》さんを迎えたりもした。藤井さんにしろ初代モデルの横山健氏（Hi-STANDARD/Ken Yokoyamaなど）や菅野美穂ちゃんにしろデザイナーのよしえにしろ、わたしが豆狸と出会う前から仲良くしてもらってるので、みんな豆狸が生まれた瞬間から無条件で可愛がってくれる。今となっては大人として話もできるしもちろん自分の意見も主張もあるので、わたしの友達と普通にメールでやりとりしたり、遊びに連れてってもらったり、ライブに行けばパフィーの現場にいるように過ごさせてもらって、わたしが思う以上に個の存在としていさせてもらっている。もちろん最初はほとんどの人が「亜美の娘」として接してくれたと思う。けれど、今はみんな娘の友達になってくれてる。わたしの知らないところで、みんなが娘の人柄を知り、気に入ってくれて好きになってくれた。それが16年間で彼女が得た対人スキルであり、そう思えるような付き合い方を娘と彼らの会話から感じ取れる。わたしには到底真似できるものではない。なんて、これも親バカだと思われるかもしれないが、わたしは娘ができた瞬間から「親バカ上等」、

「親バカじゃない親なんてただのバカ」というスタンスだ。

そして前に書いたかもしれないが、わたしの子育てというかわたしが子供に対する向き合い方で特に気をつけているポイントは、決して手を上げず全て話し合いで解決するということ。お座りができるようになって一人で赤ちゃん椅子に座れるようになった月齢の子がテーブルに足を載せがちだったりするが、豆狸も例外ではない。それより少し大きくなった頃に、注意されたことあるけどやっちゃってることもある。その頃になるとだいぶ話もわかってるので、足を叩いて注意するのではなく、注意しながらひたすら足をどかす、下ろさせる、を、めっちゃしつこくやる。あっちも面白くなっちゃってゲームみたいになる時もあるけど、それはそれでいい。ただ、足を載せたらダメよということを知ってほしいのだ。マナーとして。そして衛生面。そんなパフィーのアルバム『Splurge』のジャケットでは、お母さんテーブルに両足載っけてチキンにかぶりついててごめん。

とにかくわたしの考えでは「これをやったら痛いことされるからやらない」と覚えさせるより、「これやったらこうだからやらない」という理解のもとに自分で判断する方が納得できるんじゃないかと思うのだ。「テーブルに足載せたら叩かれて痛いからやらない」ではなく、「テーブルに足載せたら床を歩いたままの足がテーブルに載って汚い」ということを知ってほしいだけ。この方が別の状況下でも応用が利くと思うし、本人的にも矛盾点や疑問を持つことなく理解ができてスッキリするんじゃないかと。そのためにしつこく話し合いをするし、疑問があれば何時間でも付き合ってやる。面倒だと思う人もいると思うが、わたしは根っからのめんどくさがりやなのでむしろこの方が、本人が理解してくれた方がいちいち怒らなくて済むから楽なのだ。それに根本を理解してくれればよそでやる心配もない。それに、叩いて言うことをきかせると「叩かれたから言うことをきく」と覚え、同じように他の子のことも叩いて言うことをきかせるようになるだけだと思う。もちろんよその子育て方法に口を出したりするつもりはないが、叩かなくてもちゃんと育っているし、人に手を上げる心配もない。大袈裟でもなんでもなく、娘はわたしの最高傑作であり、わたしの憧れの女の子に育っている。心から羨ましく、誇らしい。

イライラして手を上げたくなる気持ちもわからんでもないけど、それって自分の都合だし、それをよそで他の子にやらかした時のめんどくささったらないと思うんだが……。もちろん環境の違いによってストレスの度合いや種類も変わってくるからわたしが正しいというわけではないが、お金や時間に余裕があってもなくても、他者に手を上げるかどうかはその人自身の問題だからなぁ。わたしはしあわせなのかと聞かれたら「そうですね」と答えると思うけど、あくまでもそれは「聞かれたら」であって、自分から「わたししあわせでーす！」と言うほどではないんだと思う。わたしにもそれなりにストレスがあって帯状疱疹ができて入院したりしている。それでも聞かれれば「しあわせです」と答える。矛盾しているようだが、これがわたしでありパフィーの亜美なのだ。

（2020年2月号）

46　友情と試練

SNSや誌面など、あらゆる場面でわたしが娘小狸と称して登場させているうちの娘が、3月で17歳になる。自分が17歳の頃と比べたら異次元からやってきたと思うくらい素敵な女の子に育っている。もちろん彼女の行い全てが正しいわけでもないし、時間の使い方も上手じゃないし、朝は起きねーし……あとは、えっと、うーん。悪口が続かない。ってぐらいあんまりない。でも色々ダメっ子ポイントがあったとしても、それを含めて味のある素敵な子に育っている。わたしと二人でいると、イケメン俳優の話や2.5次元のイケメン俳優の話やゲームの話や動画の話や声優さんの話や、一緒に行ったフェスの話やフェス打ち上げで会った、ステージはかっこいいけどしょーもないバンドマンの話など、めちゃくちゃよく喋るけど、誰かが入ると余計なことを全く言わないのも娘小狸の好きなところだ。わたしもそんな子になりたかったなぁと思う。そんな娘小狸がもう17歳になろうとしている。異次元に思える娘小狸だが、ちゃんと学生さんなので学校のことや友達のことで悩んでもいる。わたしに言ってない悩みなんて山ほどあるだろう。こと親の職業に関しては友達にも理解されないことが多かったのではないだろうか。しかし彼女はそれを親にぶつけるでもなく、自分の中でうまくいなして解決していたんだろう。当然普通の中流家庭に生まれ育ってきたわたしとはまさに異次元だと思う。わたしが通っていたような普通の学校とは違って、生徒もみんな個性的な学校に通っているので、わたしが想像していた「お前の母ちゃん、パーフィーイー！」みたいなからかわれ方もせず（本当はやられてたかもしれないけど）、先生方もいい感じにゆるくてわたしはここでよかったなと思っている。それでもここ数年は娘小狸、試練の場だった。あまりわたしが公にしてしまうと形に残ってしまうし、彼女のプライバシーもあるし、「ペンは剣よりも強し。SNSはもっと強し」とあるように（後半オリジナル）、何があったか書くつもりはないが本当によく頑張ったと思う。大人は、そんな子供時代を過ごしてきて、個人差はあれど麻痺《まひ》してる部分も諦めもあるけど、娘小狸の対応もそれに近いものがあった。子供らしくなくてかわいそうな気もするが、きっとそれが彼女の編み出した処世術なのだろう。ちなみにいじめに遭ってたわけじゃなくて、対人関係と学校方針がとてもストレスフルでハードな毎日を送っていたのだ。……こう書くといじめもそういうことか。しかし娘小狸のそれは上履きを隠されたとかトイレに入ってたら水かけられたとか、そういうのではなく、信頼関係とか何を信じればいいんだろうみたいなやつだ。それまで本人的にもおだやかで好戦的ではない分、近くで見ていても順風満帆というか、さほど問題なく過ごしてきたのだが、モロに喰らった感じがした。わたしはなるべく口は出さずに、娘小狸の味方でい続けるだけだった。それでも時に歯痒くてアドバイスをしようと「ママ思うんだけどそういう時はさ」と言いかけると、娘小狸はそんなわたしを制して「大丈夫だよ。卒業までの付き合いだし」と言った。

え、何それ！　かっこよ!!　と思った。娘小狸は大人の中で育ち、数々の酔っ払いを見てきたからか、自分のスキルの中に早くも「期待しない」という選択肢があったのだ。子供らしからぬドライさだが、子供の頃のわたしにはそんなのなかった。

わたしが小学2年生の時、風邪で3日間学校を休んだらクラス全員に無視されるという事件が起こった。特に何かに秀《ひい》でていたこともなく目立つ存在ではなかったはずだ。その頃の愛読書は『あさりちゃん』『コボちゃん』『フジ三太郎』のただの小2女子だ。ちなみに『フジ三太郎』は読むと不思議と眠たくなるので入眠書として読んでいた。時代が時代だけに今ほど悪い考えが子供達に蔓延《まんえん》しやすい世の中ではなかったので、子供達にもそれがいじめてる行為だという認識がなかった気がする。実際わたし自身も「何でみんな無視すんだろ」ぐらいにしか思ってなかった。元々暇さえあれば教科書の隙間に絵を描いていたので休み時間に一人でも退屈しなかったが、ある時、今まで仲良くしていた女の子が二人そっとわたしの机の前に立ち、キョロキョロと辺りを窺《うかが》いながら「あみちゃん、ごめんね。あみちゃんとおはなししちゃだめって〇〇子ちゃんが言うの」と言ってきたのだ。わたしはびっくりした。風邪で3日学校休むと、そんな指令が出るのかと。その場では「そうなんだ。わかった〜」と言ってみたものの、その指令を出した奴がわかった以上なんだか腹立たしくて、家に帰ってソッコーで母に言った。すると母はすぐに担任の先生に掛け合ってくれて、翌日のホームルームの時に先生が「えー、このクラスの中に、大貫を無視してる人がいます。すぐやめるように！」という、今では有り得ないデリカシーもへったくれもない一言に、当時のわたしは内容よりも大勢の前で名前を出されて恥ずかしくて赤面していたが、これも時代なのだろうか、生徒がみんな「はーーい!!」と言ってその直後から普通に話しかけてきた。素直!!　この先生のストレートさが良かったのかクラスメイトが子供でピュア過ぎたのが良かったのか、これしか意地悪された思い出がない。でも指令を出した奴の名前はフルネームでしっかり覚えている。大抵のことは忘れるわたしだが、こいつだっきゃー許さん！　と思い続けてたんだろう。今何してんだろう。そういう、人捜す番組に出て追及したろかな。あ、もうこんなこと考える時点でわたしは娘小狸にはなれない。恥ずかしい。

そう考えるとわたしの学生時代からの友達ってめっちゃ少ないのだ。幼稚園の頃は一旦家に帰っておやつ食べて、またすぐ幼稚園に行って先生のお手伝いをしていた。お部屋の飾りつけしたり、色紙を切ったり貼ったり。そうやって先生と遊んでるとナボナをもらえた。そして小学校に上がり、団地でボールの壁当てをしたり団地の前の芝生を側転で往復したり家で漫画を読んだりしていた。お気付きだろうか。どれも一人でできる遊びだ。そして小4で韓国に引っ越し2年半過ごして帰国した後は渡韓前に住んでいた町田市ではなく横浜在住に。地元の中学、地元の高校、そしてその後は銀座線に揺られながら専門学校へ行き、卒業と同時にソニー・ミュージックアーティスツ所属となった。出身は東京都町田市だが小さかったこともあり思い出は断然横浜の方が多い。しかし今でも付き合いのある友達は、中学3年間同じクラスだった1人と、高校の時同じクラスになった3人。専門学校も1人。計5人だ。あとはパフィーになってからの友達。パフィーになる前はそんなに魅力がなかったのかい？　と聞きたくなるような少なさだ。とはいえ、パフィーというものが大きすぎて友達が減ったのも事実。減ったというかわたしがもう会いたくなくなった。

大人になったら同窓会をしようというありがちな約束のもと、みんなで集まることになったがわたしは既にパフィーだったし、いわゆる全盛期だったので街を歩けば指をさされヒソヒソと囁かれ、仕事以外ではすっかり外出しない視線恐怖症になっていたが、友達は友達！　いつまでも変わらない！　わたしのことはパフィーとして見てないから大丈夫！と己を鼓舞して幹事の子に連絡をした。その子とはその前からメールのやり取りをしていたがずっと会ってはいなかったので、まずはリハビリがてらその子に会ってみようと思い、ランチの約束をした。すっかり世間に辟易《へきえき》していた時期だったので、子供の頃の思い出に浸れると思いワクワクしながら、待ち合わせ場所のその子の仕事場の前で到着を知らせる電話をした。

「着いた？　今行くからちょっと待ってて」という変わらない声に安心していたのも束の間、電話の切り際に聞こえたのは周りにいる同僚に対する「パフィー来たって〜！　ひゅ〜！」という一番聞きたくないものだった。当然ランチも何話したかなんて覚えてない。覚えてるのはその時の虚無と絶望だった。そしてそれ以来、わたしは同窓会というものに行かなくなった。

（2020年4月号）

47　友情と試練　その2

正直、わたしはその時パフィーというものを恨んだりもした。誤解を恐れず言わせてもらえば、わたしはシンガーになることが小さい頃からの夢だったわけではなく、某女性アーティストのように「音楽がないと生きていけな〜い！」なんて思ったこともないタイプだ。ただこの身の運を天に任せ、出会いと周りの人を大切にし、自分ができる精一杯のことをやっていたら、親兄弟の死に目にあえなくてもステージに立ってにっこりするという、異様でブラックで自分を見失いがちになることもしばしばの、魅力的ですごく楽しい仕事をすることができてとても幸せです！　という現状だ。果たしてこれが自分に合っている仕事なのかどうか些《いささ》か疑問ではあるが、25年近く続けられているので有難いと思っている。もちろんパフィーのくせに努力をしてこなかったわけじゃないし、失うものも想像より多かったけど、やりがいのある仕事だ。しかも音楽を作るなんて最高に楽しい。他の職種同様、いい評価をいただけたらなお嬉しい。わたしにとって音楽は「心を豊かにするもの」だ。なくても生きていけるけど、あった方が生きていくうえで救いになる瞬間が多々あるものだと思う。そんな風に人の気持ちを軽くしたり、悲しい気持ちに寄り添ってくれたりする、とても尊いものだ。なので、反抗期の「好きでこんな家に生まれたんじゃねーよ！」という決めゼリフほど「好きでやってるわけじゃない」とは思ってないが、目立ちたいとも騒がれたいとも全く思ってなかっただけに、パフィーであることが重かった。始めた当初、右も左もわからなかったわたしには、GReeeeNのように「顔出しせずに活動する」なんてこと、思いつきもしなかった。できることなら今からでも顔出ししない方向に行きたいものだが、パフィーなんて知られていない国に行ってしまいたいほどではないし、旧知の人間や家族には、私がパフィーだと新しい友達に紹介しやすいし、お見舞いに行った時に看護師さんからウケがいいと好評なのである。しかしわたしは本来、紙とペン、針と糸さえあれば一人の時間を満喫できるような非パリピなのだ。

そしてもう一つ、パフィーじゃなかったらこんな思いしなかったのに……という気持ちになった出来事があった。わたしは高校卒業後に語学の専門学校に通うことにした。英語をはじめ様々な語学を学びたいという人や将来海外で仕事がしたいから商業英語を習得したい人、CAを目指す人など、目標がグローバルなだけあって、そこでは今まで出会ったことのないような変わり者の友達ができた。わたしはある時一組のカップルと仲良くなった。二人ともものすごくおしゃれで、特に男の子の方は音楽や雑学、ファッション、アニメや漫画、とにかく色々なカルチャーに精通していて、彼女も可愛くて二人は本当にお似合いだった。わたしも二人から沢山のことを教えてもらった。このカップルといるとほんとに楽しくて、二人が暮らすロフト付きの部屋に遊びに行くのが大好きだった。二人はいつもチャラチャラ遊んでばっかに見えてるのに成績がよかったので、わたしとは別のクラスだった。そのため学校ではわたしは主にクラスメイトと過ごし、学校が終わってバイトのない日は夜通しその子たちと過ごした。服と可愛い雑貨に溢れた穴場のヴィンテージショップのような部屋の様子と、そこで音楽を聴いたことぐらいしか覚えてないけど、彼らと過ごす時間は心地よかった。

それぐらい仲の良かったわたしとそのカップルだったが、卒業と共にぱったりと遊ばなくなってしまった。卒業後、今の事務所に入ったわたしはマネージャーさんに連れられて先輩のライブを観に行ったりする時期で、お互い仕事もあるし、彼女たちの住む家の方面にすら行くことがなくなった。それでもわたしは、きっといつ会ってもあの頃の自分たちに、あの頃の関係にすぐ戻れると思っていた。そうでありたいという願いも込めつつ、そう思っていた。そしてわたしはその2年後、パフィーとしてデビューをした。

デビューする前から謎にテレビのレギュラーとラジオのレギュラー番組を持っていたので、まさに目の回る忙しさだった。それに加え何も知らない状態でこの世界に飛び込んだので、覚えることは山のようにある。レコーディングをすればCMのタイアップが付く。CMが決まってから曲を制作してほしいと言われた時もあった。これはもちろん奥田民生さんが一人でヒーコラ言って作ってくださった。テレビに出ることは苦手だったけどせっかく番組を作っていただけるということで、収録にも勤しんだ。新曲のリリース時期には雑誌、歌番組、ラジオキャンペーンなどで全国を駆け抜けた。海外でも活動の幅が広がり、ライブツアーができるようになると、夏は毎年どこかしらのフェスに出演することになった。ある時、人気のある大きなフェスに出た夏の暑い日、わたしのガラケーが鳴った。まだ折りたたまれもしない携帯電話だったので、カクカクしたドット絵のような文字で表示された着信相手を見ると、カタカナでそのカップルの女の子の名前が書かれていた。

わたしはものすごいビックリしながらもめちゃくちゃ嬉しくなった。彼らの好きな音楽性からは少し遠いところにあるパフィーの音楽ということもわかってるし、仲良くしてたのに急に変な世界で仕事し始めたわたしに、何か思うところがあって連絡をくれなかったんだと思っていた。それだけに彼女からの着信は非常に嬉しいものだった。わたしは喜び勇んで「わ!!! ひさしぶり!!!! 元気してた???」と電話で言った。そして連絡をくれたことがどれだけ嬉しいかを切々と述べた。するとどうだろう。相手からの言葉は、わたしが思いもよらないものだった。「あのさ、サマソニのチケットって取れる?」わたしはあまりのショックにただ呆然《ぼうぜん》とフェスのバックヤードの芝生を眺めていた。数年ぶりの電話の開口一番がそれ? は? サマソニのチケット? 元気かどうかも答える前にそれ? あ、わかった。ガンズ出るからか、ガンズ。昔っから好きだったよね。あーそーかい。サマソニね。取れるかどうか? たぶん事務所の人に聞いたら取れるって言ってくれると思うよ。なぜならわたしも行こうと思って聞いてあったから。まぁ、とはいえ昔のよしみだ、世間話で近況を聞いてからでもいいだろう。と、ここまでわずか3秒くらいで脳内会議をした。そして「んーどうだろう。それよか元気だったの? 今は何してるの? どこに住んでるの?」と聞いた。すると「あーうん元気。で、どうかな、サマソニ」。……これを聞いてわたしの中で彼女たちとの思い出が音を立てて崩れ落ち、やっと声に出せたのは「多分もう無理じゃないかな」だった。わたしにはもう昔からの友達は5人しかいないし、もういらないやと思った。

（2020年5月号）

48　自粛とわたし

わたしが「未曾有《みぞう》」という言葉をちゃんと認識したのは、恥ずかしながら9年前の東日本大震災のニュースでだと思う。連日流れるニュースで衝撃的な映像を目にしながらこの言葉を聞いていた気がする。一見、何て読むのか戸惑う難しさと、今までの会話に出てきた覚えのない耳慣れなさが妙に不気味に思えた。その後しばらくはニュースで震災の話題が出る度に耳に入るようになったこの言葉を、9年ぶりに連日聞いている気がする。この原稿を書いている今、日本はまさに未曾有の事態に再び陥っている。今回は備忘録的になってしまうかもしれないが、時には大切だ。

わたしが新型コロナウイルスのことを友達と話し合い始めたのは、LINEを遡ってみると1月下旬のことだった。わたしには、大体のことは相談できてくだらないことで涙が出るほど大笑いできるトランスジェンダーの友達がいる。彼女はとても頑固で、ワガママで、わたしが時折食らう知らない人からの心ない言葉に、わたしが引くぐらい激しく怒りをぶつけてくれる優しい人で、本当に友達を大事にしているのがわかる。でも好きな友達以外一切大事にしない清々しさもあるので、わたしは老後一人で暮らすようになったら彼女と同じマンションに住んでお互い孤独死しないようにしようと約束しているぐらいの存在だ。

そんな彼女がいち早く新型コロナのことについて記載されているような記事を送ってくれた。それを読んだわたしはいつものように彼女のことを心配性だとか大袈裟〜とか思ったが、何故かそうは言わないまま会話を進めていった。なんとなくとしか言いようはないが、彼女は一度思い込んだらとことん頑なになるのでわたしなりの保険をかけたんだと思う。そして話題はお互い普段から話している都市伝説的なことになり、イルミナティカードのコレがこの新型コロナのアレを示しているとかそんな流れになったので、最初に送ってくれた記事もリアルではあるが、心のどこかでイルミナティカードや遠い国のお話レベルで考えていたんだと思う。

それでも彼女は頑なにその記事に怯《おび》えるので、わたしもそれにまつわることを自分なりに調べ続けた。調べたというよりはお互いに有益な情報を探した感じだが、社会の授業のグループ調査のように調べてはお互いに報告して意見を出し合った。そしてわたしが提出した記事は2017年のもので、その記事には「新型コロナウイルス」や「COVID-19」の文字はなく、「世界で最も危険とされる病原体」としか書かれていなかっただけに、二人して背筋が凍った。

もちろんいつものしょーもない話も通常運転でやりとりしつつ、ところどころ真面目に、わたしたちは緊急時に連絡が取りやすいとされるアプリを登録したり常に情報を共有していたが、わたしたちなりの危機感はその頃はまだ周りの友達にも受け入れてもらえなかった。そしてほどなくして憧れの豪華客船でウイルスによる集団感染のニュースが流れたが、まだまだ「どこかの国のお話」っぽく思えた。

ウイルスに新型コロナウイルスという名前が付けられ、豪華客船から下船できない状況や感染者の症状などが連日報道され、国内で普通に過ごしていた人たちがどんどん感染していくようになって、ようやくみんな「もしかしたら」と思い始めた頃、わたしは友人に勧められた『コンテイジョン』という、謎のウイルスに世界中が侵食されて、感染した人はほんの数日で死に至り街は封鎖され、偽りの特効薬に人々が群がり争い……と、どうにもこうにも今の状況と被りまくっている映画の、冒頭で流れる感染経路を細かく描写してあるシーンを観たので、外に出ても怖くて何も触れないと思っていた。

作中では封鎖されて荒《すさ》んだ街を徒歩で移動している間、防護服を着ている記者が出てきたので、もし自分が感染した時、周りにうつさないようにできると思って先述の友達と防護服も家族分買った。神経質な方ではないが元々積極的にエレベーターのボタンを触るタイプではないわたしなので自粛要請が出た時は、正直言って「ありがてえ！」と思ったのだ。

自粛要請が出てからはインスタグラムのストーリーズで友達から謎に人参《にんじん》の絵を描いて三人に回してほしいというのが来ただけで、「〇〇つなぎ」「〇〇バトン」なんかは一切声が掛からなかった。掛からなすぎてその原因も考えたりしてみたが、普段から投稿数も多くないしわたしにとってSNSは仕事ありきのものだったのであまり開かなくなったからかなとも思ってみたけど、やっぱり「気軽に引き受けてくれなそう」とか「嫌がりそう」って思われて実はそんなに好かれてないのかなと思ったりもした。まぁ、実際来ても断るんだけど……少しだけ、寂しかった。

自粛要請期間が延長され、あちこちで「暇すぎる」などの声が聞こえたがわたしはホッとした。まだウイルス対策が十分でない状態で外に出なくてもいいということと、デビュー当時から「趣味は暗いこと全般です」と言っていたわたしに堂々と趣味に没頭できる時間ができたことが嬉しかった。

わたしはチェックボックスと共にやりたいことを紙に書き出して、テーブルに貼った。「英語」「ハングル」「ギターの練習」「実家の食器棚を見つける」「服の整理」「お誕生日カード」「iPad お絵かき」「小説すばる」「aiko にお手紙」などが書かれている。これだけでも満載なのに、趣味の刺繍もした。

したくてたまらなかったがそんなに時間を割いていいのかという葛藤もあったので、友達へのお誕生日プレゼントということにしてその子が飼っていたねこちゃんのリアルな刺繍にした。しかも、時間を無駄にすまいと思って、動画配信サービスで話題の韓国ドラマや映画、好きな声優さんとその仲間たちのゲーム実況を観ながら同時進行していった。韓国ドラマを観ながら刺繍をすると、趣味と実益を兼ねてる感がハンパなく、ものすごい有意義な時間に思えた。

手間のかかる凝ったカレーを作ったりピクルス漬けたり、娘小狸とニンテンドースウィッチで『あつまれ　どうぶつの森』というゲームも始めた。小狸の作った島や同じゲームをやってる友達の島に遊びに行って、ゲーム上で会話したりして楽しんだ。その間ごはんの支度やお洗濯などもあるので、毎日ほんとに忙しい。しかしこんなに約束のない自由なお休みを過ごしていると、全然眠れなくなる日もある。現に今24時間以上起きている。さすがに目と腰が痛い。何だろうこの「20歳ぐらいのオールしちゃってる」感。これが原稿ズハイってやつか……。

しかしどんなに起きてても家で過ごすことに辟易したりしないのだ。そんなことを、話し声もとても魅力的なソロシンガーの土岐麻子《ときあさこ》ちゃんとメールしていたら、土岐さんもそうだと言い、二人であれやこれやと導き出した結論はどちらも「一人っ子だから」だった。一人っ子は一人で遊ぶことが当然でちっとも苦じゃないのだ。もちろん友達と遊ぶのは楽しいのだけど、なんせ一人で没頭したり時間を使ったりすることに慣れている。

まだまだやりたいことだらけだし、チェックボックスも全然埋まってないし、むしろ項目は増える一方だ。ああ時間が足りない。

生きていくにはお金がかかるし、好きなことを仕事にしたんだから働きたくないわけじゃないけど、家にいられる状況がありがたいと思えるぐらいずっと走り続けてきたってことだね、とわたしの相棒・由美ちゃんと最近はそんな話をした。自粛の真っ只中《ままただなか》、パフィーは今年の5月13日でデビュー24周年を迎えた。

（2020年6・7月合併号）

49　あつまれ　おかあさんの島

前回、娘小狸と一緒にニンテンドースウィッチで『あつまれ　どうぶつの森』をやっていて、お互いの島を行き来してはアイテムをプレゼントしたり、お手紙を送り合ったりと楽しい無人島ライフを過ごしていたことをお知らせした。わたしの自粛生活はそんな感じで進んでいくんだと何も疑問に思わないまま毎日スウィッチを起動させ、午前と午後の株価をチェックして、夜のうちに釣った魚や捕獲した虫を売り、島に一軒しかないブティックでは、連日通ううちに愛想のなかった店員さんと家具リメイク用の端切れをもらえるような仲にもなった。そして崖や河川の工事ができるライセンスも取得して島内の川や池に加えて滝を作ったりしながらも、自宅の改築で組んだローンを返していた。ここ最近では資金繰りのために化石発掘の仕事をしても既出の化石しか発見できず、まだ博物館に寄贈されたことのない化石を見つける度に「化石発掘の才能がある」と博物館長に褒められまくっていた初めの頃が懐かしい。

しかし、実際の地球のように季節が移り変わったりイベントが定期的に行われたりするので、一旦ログインしてしまうとその日のルーティーンワークをこなし、ダブったアイテムを添えた手紙を娘に出してしまう。いつもわたしからの一方通行で返事も来なかったので、もしかしたらメルマガと勘違いしてしまってるのかしらと思っていたら、ついに返事が来た。なんとその手紙にはプレゼントが添えられていたので開封してみるとそこにはカーネーションの絵付けがされている「ははのひサンキューマグカップ」が!! 実際の母の日の約2週間前だったが、そんなマグカップが売られているなんて知らなかったのでとても嬉しかった。娘も買った翌日に届くとは思ってなかったらしくびっくりしていたが、配送日の選択機能なんてこのゲームにはない。でも嬉しかったので、自宅前のプライベートビーチに置いてあるハンモックの横に飾っておいた。ここなら娘が私の島に遊びに来ても目立つと思ったのだ。そして遊びに来た時に驚いてほしくて、夜な夜な島を改造していった。ローンを組んだ自宅の内装はもちろんのこと、公園を抜けて石の橋を渡ると貝殻のアーチを抜けてお花畑。その奥には滝のそばのカフェと、夜写真撮ったらめちゃ映えるんじゃない？　みたいな映えスポットをきのこのランプを設置して作りました。全フルーツがたわわに実る果樹園もあるし、モーゼの十戒よろしく、海が割れたような両サイドが滝の小径《こみち》を抜けると海が広がる風景も作った。あとは娘小狸がスウィッチを手にして「ママの島行っていい？」の一言を待つばかり。そこからの数日間は忍耐の日々だった。

……あ、今日ゲームしないの？　宿題？　へー。偉いね。……あれ？　今日もスウィッチやらんの？　そっか充電切れてんのか。……ママ、昨日充電しといたよ〜。あ、今から友達とPUBG（スマホのオンラインゲーム）すんの？　……ママの島結構変わったよ〜。刮目《かつもく》せよ!!　あ、ごめんうるさい？　何やってんの？　またPUBG？　なかなかスウィッチに手が伸びない娘に痺れを切らしたわたしは「ねえ、うちの島今夜流星群だから来ない？」という厨二病のナンパ師のような誘い文句でおびき寄せてみたところ、「あーいいね」という返事をもらえたので気が変わらないうちに自分と娘のスウィッチを起動。そしてなんだかんだ友達とのメールやらで忙しそうな娘を横目に、2台のスウィッチを膝に載せ自分の島のゲートを開き、娘のキャラを飛行機に乗せ、やっとの思いで遊びに来てもらった。これで久々の楽しい時間だと思って娘にスウィッチを渡そうとした瞬間、「あ、ごめん。友達から電話かかってきちゃった」と言って自分の部屋に行ってしまった。

一旦、どちらかがスリープ状態になるとまた最初から通信してやらないといけないので、わたしはそのまま娘と自分のスウィッチを動かし、島の絶景ポイントで流れ星が出る度にふたつのスウィッチのAボタンを押して、お星様にお祈りをした。これをすると、翌日自分の島に星のかけらが落ちていて星のアイテムを作ることができるのだ。とりあえず娘が戻ってくるまで、あの子の分までお星様にお祈りしておこう……と、いつ来るかわからないランダムな流れ星に小一時間費やした。そして戻ってきた娘は「お風呂入ってくるね」と言った。流れ星を逃したくない緊張感と眼精疲労でさすがに疲れたので「ママ、2台駆使して星に祈っといたよ」と言ったら「ありがとー。明日楽しみー」と平たいテンションのセリフが聞こえた。

こうして娘との「あつ森ライフ」が終わった。

せっかく子供と同じゲームで盛り上がれてたのに、共通の楽しみが減っちゃった……なんてしょんぼりすると思ったら大間違いだ。そう、パフィーはゲーム属性もあるのだ。由美ちゃんなんて、ゲームやり過ぎて腱鞘炎《けんしょうえん》になってるのだ。そんなの淡路恵子《あわじけいこ》さんか吉村由美かだ。そんなパフィーが子供と一緒にやるゲームなんぞいくらでもある。

　というわけで、前述のPUBGモバイルというゲームをやってみることにした。これはスマホやタブレット端末でできる、最大100人が参加するバトルロイヤルゲームだ。PUBGはPLAYERUNKNOWN'S BATTLEGROUNDSの略だ。オンライン上で世界各地の人が参加してチームを組んだり組まなかったりしながら、輸送機からパラシュートで降りた先で落ちてる武器や防具を調達し、自分もしくは自分のチーム以外の敵を銃で倒して勝つ！　という、血気盛んな人間100人が頂点を目指すゲーム。これがまた操作方法が非常に難しくて、このゲームの魅力でもある武器のリアルさが良くも悪くもめちゃくちゃ影響してくるので、巧《うま》い人は超絶に巧いし、始めたてのわたしはどこから敵が撃ってくるのかもわからず、小屋から一歩出るにもドキドキして緊張して手汗がハンパなくなって、一戦するのにほんとに疲れてしまっていた。

　ところがこのゲームをもう1年以上やっている娘小狸に言わせると、そのうち鼻歌歌いながらできるようになるとのこと。しかし、どうにもこうにも操作に慣れな過ぎて、誤射はするわまっすぐ小屋に入れないわで、自己嫌悪がすごい。娘を含めた友達とのチームに入れてもらうも、目の前の敵にパニクり、あまりの役立たなさに苛立ち、巧くならなくてもいいからとりあえず現場に慣れよう！　ということで、夜な夜な一人でログインしては知らない人のチームに入っては撃たれ、時々友達の彼氏に付き合ってもらってボイスチャットで色々教わりながら、巧い人の無駄のない動きを見て学び、初心者用の動画を見て、今はなんとなくお気に入りの銃も見つかり、知らない人とのチームでも一番初めに死ぬことはなくなったが、ほんとにまだまだへたっぴだし練習時間も足りてない。しかし、向いてないとか思う前に巧くなるまで我慢して続ければ、いつかきっと巧くなるということをわたしは『LINE POP2』というゲームで立証している。なので続ける。そして今年の七夕の短冊には「エイム（照準を合わせる）技術が上がりますように」と書くに違いない。娘の恋人の条件にもエイムを加えたいぐらいである。

こうしてPUBGにハマったわたしは「あつ森」もいまだにやっているが、娘小狸に「あつ森」をやらなくなった理由を聞いてみた。すると「だってさ〜、PUBG仲間が〝あつ森ってその辺にAK（AKMというアサルトライフル。威力が強くて人気）落ちてないんでしょ？〟とか言うんだもん。確かに〜！　って思ったらなんか平和すぎて」と言った。わたしが毎日コツコツと魚を釣り木を揺らし石を叩いて小銭を稼いで雑草をむしって綺麗にしている島をそんな風に……母さん、悔しい！　が、今ならその気持ちめっちゃわかる。さて、寝る前に戦ってくるかな！

（2020年8月号）

50　令和2年のマイブーム

デビュー当時、インタビューで必ずと言っていいほど聞かれることが「趣味」と「マイブーム」だった。新人のわたしはどのインタビューでも楽しい話ができるように「マイブーム」を作りに街に繰り出し、原宿界隈で遊んでる友達の興味のあることや普段していることの話を夜な夜な聞いた。そしてその友達と同じようにピアスの穴を拡張させ太いボディーピアスを嵌《は》め、友達が働いている服屋さんやデザイン事務所に入り浸り、内装や置いてある小物、携わってるプロジェクトのサンプルなんかを見せてもらってはあーだこーだと語り合うような日々を過ごしていた。有難いことに、デビューしてすぐに目が回るような多忙な日々を送っていたが、わたしは仕事の後に原宿で友達と遊ぶことでパフィーとしての活気と正気を保っていた。そんな中、仕事では毎日のようにマイブームを聞かれるから、友達が教えてくれるものや話してくれることがとても役立った。そしてその当時の原宿が日本のブームを作っていたので、インタビューでのわたしの答えはとても流行に乗れているという意味でもあながち間違いではなかった。それどころか、その人たちといるおかげでブームを作ってる気になれた。あの日々は目まぐるしすぎて、今となっては何してたか細かいことは全然思い出せないけど、みんなそれぞれ会社が大きくなって、その筋ではすっかり大御所になっている。もちろんお店がうまくいかなくて、どこにいるか所在もわからなくなった友達もいるけど、あの頃の時間がわたしを「東京の女の子」にしてくれたのは間違いないのだ。いや町田出身なんで十分「東京の女の子」なんですけどね。町田って不思議と東京扱いされないんですよ。なんでだろ。市外局番が03じゃないから？　わたしのいた頃は０４２７っていう謎の４桁だったから？　……とまぁ、そんな町田のメガネっ娘も原宿の悪そうな仲間のおかげですっかり洗練された東京の女になっていったのだ。しかし当時わたしが好きだった原宿ボーイは実は仲間内に嫌われてて、わたしはそんなことに微塵も気付かず、むしろみんなに慕われててすごいとすら思っていたものの、彼からは理不尽なヒステリーを喰らい続け、心身共に疲れ果てたわたしが原宿の友達に相談したところ、アミちゃん以外みんな思ってたよと言われ、もう近付かないことを心に決めたのだった。そんなこともあり彼とは疎遠になったものの、彼以外の友達とはいまだに連絡を取り合い、展示会や共通の友達の結婚パーティーで会ったりしている。そしてもちろんいまだに彼らからはマイブームの兆しとなる刺激をもらったりしている。

ちなみに新しい出会いや友達から話を聞く度にアップデートされるわたしの今のマイブームは、作家さんものの器とシルバーのカトラリーをフリマサイトやオークションサイトで探し集めるという意外なものに行き着いている。自分でもびっくり。内訳を話すと、とある有名人カップルの結婚式でいただいた引き出物の中に持ち手が一つ付いた飴色《あめいろ》の釉《うわ》薬《ぐすり》がかかったスープマグが入っており、「へー！　若いのに渋い器くれるんだなあ！　さすが！」と若い二人を祝う御隠居のような感想のまましばらく使わずにただ洗って食器棚にしまっておいた。がしかし、ある時、大好きなクノールカップスープシリーズのきのこのポタージュを飲もうとした昼下がり、そういえばアレ、スープマグって書いてあった気がするからアレで飲んでみよ……と思い、目止《めど》めという知識もないまま器をサッと洗ってきのこのポタージュを入れお湯を注いでみたところ、なんということでしょう。何年も何年もきのこのポタージュを飲み続けた中で、こんなにも美味しそうに見えるきのこのポタージュ、初めて出会った！　というあまりの衝撃から、このスープマグをくれた新婦に連絡し「あの時の引き出物のスープマグ、めちゃくちゃ気に入ったんだけど、アレはどなたの作品なんだっけ？」と失礼を承知で尋ねてみた。引き出物の箱を開けた時に入っていたはずの紙なんてとっくにどこか行ってしまったのだ。すると「あれは余宮《よみや》隆《たかし》さんという作家さんのもので、ご縁があって知人に紹介していただいて、今回の引き出物用にたくさん焼いてもらったの」と返ってきた。わたしはすぐさま余宮隆さんを検索して、どこに行けば買えるのかをチェックし、あわよくばオンラインショップにないものかと探しに探した。しかし、どこのサイトを見ても軒並みソールドアウト。ネット上の記事を読めば店頭に並べた瞬間に即完する大変人気な作家さんだったことがわかった。陶芸といえば、父の実家が茨城県水戸市なので帰郷した際に訪れる笠間《かさま》市の笠間焼ぐらいしか知らず、ましてや陶芸家なんて漫画『美味しんぼ』に書いてあった北大路《きたおおじ》魯山人《ろさんじん》しか知らないわたしだったので、作家さんの器がいくらぐらいするものなのかも全く見当がつかず、せっかくいただいた引き出物の値段を知ってしまうことになることに気付き、一旦サイトを閉じることにした。あまりにも一瞬で余宮隆さんに夢中になったので、自分でクールダウンの期間を設けた。そして普通にスープマグを毎日使っていくうちに、大事件が起きた。なんと、気付いたらスープマグのふちが少し欠けてしまっていたのだ。めちゃくちゃ焦った。めちゃくちゃ焦り過ぎて、東急ハンズのオンラインショップで金継ぎのキットを購入してしまった。しかし購入したのはいいけどやり方を見てみたら結構な時間と手間がかかる……自粛期間中とはいえ、韓国ドラマや毎日更新される連載漫画、YouTubeから録りためたお笑い番組、わたしの目と手は毎日まあまあ忙しい。しかし自称スープ好き地下アイドル亜美としてはすぐにでもこのスープマグの復活を願う。となるともう、新しいの買うしかないよね。どうせもう一個、二個、三個ぐらい欲しいと思っていたのだもの。自分の中で購入のきっかけを待っていたかのように物欲が溢れ出したわたしは、今度は血眼になって余宮隆さんのスープマグを探した。これがきっかけで、どんな器だと料理が美味しく見えるのかを考えるようになり、余宮隆さんのインスタグラムで美味しそうに料理が盛り付けてあるのを見ながら、自分の作れそうな料理と脳内変換して、どんどん余宮さんの器への憧れを募らせ、お財布と相談して集めている。何も載っていない時も綺麗な器ばかりだが、料理を載せた時にものすごい威力を発揮する。器として料理との余白を楽しませるポテンシャルが半端なく高い。これがわたしの余宮隆作品論だ。日の浅いにわかファンだが、好き度はかなり高いと思う。これが一つ目のマイブームだ。

そして二つ目のシルバーのカトラリー集めだ。これは家族ぐるみで仲良くしてもらっている料理研究家の行正《ゆきまさ》り香《か》さんのお宅にお邪魔した時に手作りスコーンと一緒に出てきたティースプーンやフォークの装飾があまりにも素敵で、普段カトラリーに興味なんか持たないわたしが珍しく「これどこかすごいとこのフォーク？」と聞いたのが始まりだった。なんでもそれはジョージジェンセンというシルバー製品のブランドのカトラリーセットで、行正先生、いや、リカちゃんもどこかの空港で一目惚れして買ったというものだった。シルバーなので時々磨いたりお手入れをしないといけないと言いつつ、これだけ長いこと使っていてもシンプルなデザインは洗練されていて、わたしはすっかり魅了されてしまった。そして自分でもジョージジェンセンを調べ、リカちゃんにもたくさん質問して、いざとなったらオークションサイトで落とせるようにその辺の知識もつけた。しかしわたしが欲しいジョージジェンセンはいまだ手に入らず、毎日のように各アプリで出品を確認する日々だ。

そんなこんなで自分でもとうとうここまで来たかと思うような、渋めの物欲が新しく生まれている。以前はペッツやディズニーのフィギュアを集めていたので、コレクター気質は変わらず、集めるものの内容がどんどん年配感を増している。このままでは5年後、10年後、わたしはどうなっているのか。乞うご期待である。

（2021年1月号）

51 むしろウェイしてない

最終回なので、この辺でわたしが無意識になのか意図的になのか、今まで避けてきたような内容を書こうと思う。

まずは自分の内面というか心情というか、についてだ。プライドという言葉にするとかっこよく思えるが、書けば自分の美学に反するようなチンケなことだ。そもそもわたしが所属しているパフィーという二人組は、デビュー当時からだらだらしてるだのやる気がないだの好き放題言われてきたが、本人たちにも他の表舞台に立つ方々より努力をしていないという自負があるので、努力の度合いは自分次第という気持ちもあるけど「世間がそう思ってるならそう見えるわけだし、思い当たるフシもなくはない」の精神で甘んじて、むしろ喜んで受け止め受け入れていた。その辺に関してはプライドとか「俺か、俺以外か」みたいなのでもなく、ただラクだったのだ。世間が思うパフィーが等身大、実寸大のパフィーだとして、それが望まれてないのであれば、すぐに消えていなくなるのもやむなし。実力不足と嘆いて枕を濡《ぬ》らすも良し。「それが自分」と開き直るも良し。ところが亜美も由美も筋金入りのめんどくさがりなので、その辺もどうでも良かった。流れに身を任せていた。すると有難いことに世間様はそれを「媚びない」とか「カッコつけてない」とか

「自然体」という評価をしてくれた。誤解を恐れず言わせていただくと、正直それもどうでもよかった。世間知らずと言ってしまえばそれまでだが、別につっぱってたわけでもなければシニカルに世の中を見ていたわけでもない。置かれた状況にはしゃぐ要素は十分にあったのに、あの頃のアミユミは心がおじいとおばあだった気がする。もちろん由美がイキったおじいで、亜美は裁縫しながら小言を言うおばあだった。若い頃（デビュー前）とは違い行動範囲も狭まったおじいとおばあが、原宿（キラキラした世界）に行っても疲れてすぐ家に帰りたくなる感じだ。おじいは気持ち的には竹下通りでオラついたりナンパしたりするつもりでいたのに、思ったより若い子がキャッキャしていて完全に気後れしている感じ。おばあはプリクラを撮っている若い子たちに「数年で劣化する画像のシールにそんなに高いお金出して勿体ない！」と言ってる感じ。しかし世間の評価は我々の心の老人とは裏腹で、素敵なお仕事や賞をくれる。達観しているわけでは決してないが、我々の心はおじいとおばあなので、いただいた高評価にめちゃくちゃはしゃいでるマネージャーを見て、余計にスーンと凪いでいた。これはもうドライというより、下積みの無さと何を以て努力とすべきかの判断力の欠如が織り成すハーモニーとしか言いようがない。しかし運がいいということも自覚している。人との巡り合わせはもちろんのこと、仕事にしてもデビュー当時の多忙期を過ぎ、テレビのレギュラー番組をやらなくなって親から「あんた最近仕事してるの？」と言われていた時も、なんだかんだ忙しかった。有難いことに。そしてわたしたち自身「そろそろ今後のことも考えなきゃなあ」と思い始めると、大きな仕事が舞い込んだりする。これも毎回非常にミラクルなタイミングで、おじいとおばあの干ばつ期の心にも恵みの雨が降り潤いをもたらしてくれた。いつまでたっても20年前の曲でアジアだカニだと言われるのが嫌な時期もあったが、フェスやイベントで発揮されるヒット曲のキラーチューンっぷりに我ながらときめいたりと、こんなことでも心がほっこりした。人間とは違って劣化しない魅力的な曲に何度も救われた。そして特筆すべきは由美ちゃんとの仲だ。出会ってから四半世紀はとうに過ぎている。週5で遊んでいたが仕事が忙しくなるにつれて毎日のように会えていたわけだが、全然飽きなかった。むしろいまだに飽きてない。飽きるどころか「たまには由美ちゃんからごはん誘ってくれないかな〜」と毎日思っている。それぐらい楽しいのだ。もちろんお互いに友達はいる。由美ちゃんには東《ひがし》村《むら》アキコさんの『東京タラレバ娘』みたいな友達がいて、リアルタラレバ娘三人衆はあんな感じでクダを巻いている。わたしは娘が既にマブダチ化しつつあったり、元でんぱ組.incの夢眠《ゆめみ》ねむちゃんとねむちゃんの実姉で料理人のMaaちゃんとで、夢眠三姉妹として居心地よく遊ばせてもらってるので本来一人っ子のわたしにも妹ができたり、菅野美穂というちょっと変で優しさの塊の女優がそばにいてくれたり、キャンディ　ストリッパーというブランドのデザイナーのよしえとは、20年来の付き合いだが一緒に服を作るパートナーになったり、よしえに繋いでもらって以来毎日のように連絡を取り合っている歌手のaikoにはわたしのことを心の底から理解してもらったり、普段の約束は平気でドタキャンするのにピンチの時には絶対に駆けつけてくれる性別も謎のニキビ系ユーチューバーのしげみがいつでも爆笑させてくれたり、知り合って間もないのに毎日会いたい人ランキング第1位のイラストレーター・Chocomooがいたり、本当に数少ないけど他にも心を許せる魅力的な友達が数人いる。こちらから縁を切った人もいるし、縁が切れたような状態だけどどう修復していこうかとずっと悩んでる人もいる。その辺は時間が解決してくれると思う。でも人間関係の悩みってそれこそほんとにめんどくさいよなぁ。なのに一度生じると付き合ってしまうアミの悪い癖。でも2021年はそういうの極力減らしていくのだ。そうしないと心身ともに疲れるようになってきた。センチメンタルなジャーニーの伊代《いよ》ちゃんは16かもしれないが、アミはもう47だからそういった神経すり減らし系の疲れも体力的な疲れも、どんどん抜けなくなってきた。以前は寝れば翌朝すっきり気分で体力も回復していたのだが、今わたしは眠れなくなってしまった。元々寝る間を惜しんで趣味に勤しむタイプなので初めのうちは朝まで眠くないことに喜びを覚えた。しかしJKの娘を持つ母として、こっちがまだまだお世話したいお年頃。可愛い寝顔とふわふわのオフトゥンに吸い込まれそうになりながらも娘を起こし、朝ごはんを食べさせて、心の中では「休んで遊び行かな〜い?」って思ってるのがテレパシーで伝わりますようにと思いながら学校へと送り出す。そんな当たり前のことが辛くなってきていた。その一連の流れを寝ないでやると、すぐに自分の仕事に行く時間になってしまう。その頃には眠くなるので、ものすごい辛い。薬を飲んで寝過ごすわけにもいかない仕事なので、それもできなかった。あー、こうなる前に影武者オーディションとか妹分オーディションとかしておけばよかったよ。

まぁ、世の中のお母さんたちはもっと頑張っているだろうし、娘が元気でいてくれるからそれでいい。そのうちなんとかなるさと思っている。

アミもユミも四半世紀働いてるから、そりゃずっと健康だったわけじゃないし、毎日ウェイウェイしてるわけじゃない。むしろウェイしてない。でも寝る時に毎晩「今日も一日楽しかったな〜」って思ってるわけじゃない。眠れないぐらい全然大したことないと思うぐらい、枕を濡らす日々も勿論《もちろん》ある。でもわたしたちはずっときっとこんな感じで、この先もっと重い病気にかかったとしても、あえて公表することはないと思う。倒れて仕事に穴を開けてしまった時などは必要に応じてお伝えするが、よっぽどじゃない限りしない。これってアミユミのちっぽけな美学なのだ。わたしも由美ちゃんもどこかパフィーを俯瞰で見ているので、基本何でもアリなパフィーだが、らしくないことはやらないようにしている。パフィーにはポップで見る人にも楽しくあってほしいと思うので、大変だったことを打ち明けて共有しようとは思わない。なので、最終回のここで少し出して、後は「どっちかが死んだら残った方は暴露的なことをして儲《もう》ける」というお互いの救済措置に従うまで公表はされないと思う。我々はあくまでもあの「パフィー」なのだ。そして我々にとっては「ただのパフィー」でしかないので、どちらかが楽しいと思えなくなった時は、もう片方は無条件に辞めることに同意する。というか、既に同意してる。これもパフィーのルール。多分辞めた次の日から二人で旅行とかするだろうけど。だらだらやってると思われがちだが、いつ辞めても構わないぐらいいろんなことを全力でやってきてるから悔いはない。
そしてわたしが頑なに娘以外の家族のことを口にしないのは、同じ職業として応援してくれる皆さんあっての活動なので、皆さんの気持ちを少しでも邪魔しないようにするためだ。わたしも永遠のレジェンド推しがいるので気持ちはよくわかる。ちなみにＢＴＳのジミンちゃんです♡
勿論、結婚していることや娘がいることは公表しているので、家庭の中でのよもやま話はよその御宅と同じくらい色々あると思うのだが、これもわたしから率先して言うことはないと思う。アミの没後にユミが色々言うかもだけど。それはそれで、多分めちゃくちゃ面白い話だと思う。わたしの方が長生きしたら、それもそれでめっちゃ面白い話できる自信ある。あの人ほんとすごいのよ。ついでにいろんな人の話したろ。お楽しみに〜!!
（２０２１年２月号）

大貫亜美（おおぬき・あみ）

1973年東京都生まれ。歌手。96年、奥田民生プロデュースによるシングル「アジアの純真」で、吉村由美とともにPUFFYとしてデビュー。その後、「これが私の生きる道」「サーキットの娘」「渚にまつわるエトセトラ」など、次々とヒットを連発。全米No.1アニメチャンネルである「カートゥーン・ネットワーク」にて、PUFFYを主人公にしたアニメ番組「ハイ！ハイ！パフィー・アミユミ」が世界110カ国以上で放送されるなど、日本のポップ・アイコンとして、世界を舞台に活動中。

PUFFY オフィシャルサイト　http://www.puffy.jp

たぬきが見《み》ていた

2021年5月15日　第1刷発行

著　者　大貫亜美《おおぬきあみ》

発行者　徳永 真
発行所　株式会社　集英社
〒101-8050 東京都千代田区一ツ橋2-5-10
電話　編集部　03-3230-6100
読者係　03-3230-6080
販売部　03-3230-6393（書店専用）
印刷所　凸版印刷株式会社
製本所　ナショナル製本協同組合

ISBN978-4-08-771178-3 C0095